D1487696

Franz Werfel

JACOBOWSKY
UND DER OBERST

Komödie einer Tragödie
in drei Akten

Fischer Taschenbuch Verlag

Fischer Taschenbuch Verlag
1.–30. Tausend   Juli 1962
31.–42. Tausend   Juni 1976
43.–47. Tausend   Juli 1979
48.–52. Tausend   Februar 1982

Umschlaggestaltung: Rambow, Lienemeyer, van de Sand
Foto der eurostudio-Aufführung 1973–1975 mit
Fritz Muliar, Dany Sigel, Frank Dietrich und Ernst Meister
Fischer Taschenbuch Verlag GmbH, Frankfurt am Main
Lizenzausgabe mit freundlicher Genehmigung des
S. Fischer Verlages GmbH, Frankfurt am Main
(Franz Werfel: Gesammelte Werke, herausgegeben von Adolf D. Klarmann)
© 1959 S. Fischer Verlag GmbH, Frankfurt am Main
Alle Aufführungen dieses Bühnenwerkes, Rundfunksendungen usw.
in deutscher Sprache setzen den Abschluß eines Aufführungsvertrages
voraus. Die Bühnenrechte werden durch den S. Fischer Verlag,
Frankfurt am Main, Geleitsstraße 25, vertreten
Gesamtherstellung: Hanseatische Druckanstalt GmbH, Hamburg
Printed in Germany
580-ISBN-3-596-27025-1

DES ERSTEN AKTES ERSTER TEIL

Die Waschküche des Hotels ›Mon Repos et de la Rose‹. Die Waschküche dient als Luftschutzkeller. – Beim Aufgehen des Vorhangs läßt sich im ersten Augenblick die Befürchtung nicht ganz abweisen, man werde einem pathetischen, unangenehmen und schwer verständlichen Drama beiwohnen müssen, denn die Bühne ist in ein magisch blaues Licht getaucht, aus dem sich in gespenstischer Erstarrung einige menschliche Gestalten losringen, die regungslos entlang der Wände auf Holzbänken sitzen. Nicht genug damit, es erschallt zu Häupten der blau beleuchteten Gespenster die überlebensgroße Grabesstimme eines unheilverkündenden griechischen Gottes. – Zum Glück stellt es sich jedoch sofort heraus, daß die Stimme keinem Deus ex machina angehört, der aus den Wolken spricht, sondern einem französischen Ministerpräsidenten im Radio, daß ferner das magische Licht von einigen nackten Glühbirnen ausgesendet wird, die man nach Vorschrift des französischen Luftschutzes blau angestrichen hat, und daß schließlich die regungslosen Gestalten keine symbolische Bedeutung haben, sondern Hotelgäste sind, die der nächtliche Angriff auf Paris um ein Uhr nachts aus den Betten gescheucht und in dieser Waschküche zusammengetrieben hat.

STIMME DES MINISTERPRÄSIDENTEN REYNAUD La situation est grave mais pas désespérée ... Die

Lage ist ernst, aber nicht hoffnungslos. An der Somme verteidigen unsere braven Truppen jeden Zoll des heimatlichen Bodens mit der größten Tapferkeit. Die Übermacht des Feindes an Mannschaft und Material aber ist so groß, daß damit gerechnet werden muß . . .

Das Radio schnappt jäh mit einem erschrockenen Schnalzer ab. Noch kann man die Gestalten der Anwesenden nicht deutlich unterscheiden.

STIMME DES TRAGISCHEN HERRN Bei uns darf man sich nicht einmal mehr auf die Unzuverlässigkeit verlassen. Jetzt schalten sie wirklich das Radio aus, wie es bei Luftangriffen vorgeschrieben ist . . .

KNABENSTIMME Wer hat da im Radio gesprochen?

STIMME DES TRAGISCHEN HERRN Der kleine Mann einer großen Stunde, mein Sohn! Er spricht von Bordeaux und verfügt über die passende Grabesstimme: »La situation est grave.« Der Ministerpräsident Reynaud.

DIE ALTE DAME AUS ARRAS *mit der klagenden hohlen Stimme eines Käuzchens* Wie?! Das war Monsieur Reynaud selbst, o Gott, o Gott! Monsieur Reynaud steht sehr links. Alle die Herren stehen sehr links. Monsieur Léon Blum duldet nicht, daß in der Woche mehr als vierzig Stunden gearbeitet wird. So sagt meine Tochter. Meine Tochter ist Professor am Lycée Jean Bodel. Da haben wirs nun! Den letzten Krieg hab ich verstanden. Diesen Krieg versteh ich nicht. Warum für Danzig sterben, fragt meine Tochter täglich. Wo Danzig liegt, das wissen doch nur die Ge-

lehrten ... Heilige Mutter Gottes, war das eine
Bombe? ...

DER TRAGISCHE HERR Keine Bomben, Madame, das
sind die Abwehrbatterien beim Bahnhof Saint
Lazare. Ein Wunder, daß diese Batterien nicht
von einem unserer Minister gestohlen und an die
Boches verkauft worden sind ...

DIE ALTE DAME AUS ARRAS Ja, ja, Monsieur! Meine
Tochter sagt immer, Demokratie, das ist, wenn
die Politiker gute Geschäfte machen und die Geschäftsleute schlechte Politik ...

DER TRAGISCHE HERR Demokratie, meine Beste, sie
ist wie das Leben selbst: die Korruption der einen
dividiert durch die Korruption der andern!

STIMME DES JUNGEN MÄDCHENS *unterdrückt* Gehen
Sie ... Das ist doch ...

MÄNNERSTIMME Was gibt es da?

STIMME DES JUNGEN MÄDCHENS *verlegen* Ach, ich
habe meine Mascotte verloren ... Ein kleiner
süßer Elephant aus Elfenbein mit einem Türm-
chen drauf und einem winzigen Maharadscha ...
Einige der Gäste lassen ihre Taschenlampen auf-
blitzen, um den Boden nach dem Elephanten ab-
zusuchen.

DER TRAGISCHE HERR Vermeiden Sie das gefälligst,
meine Herrschaften! Dies hier ist kein bomben-
sicherer Abri, sondern nur die Waschküche unseres lieben muffigen Hotels ›Mon Repos et de la
Rose.‹ Dort die Luken gehen auf die Straße, und
die Vorhänge sind nicht dicht. Und unser Chef
d'Ilot ist ein Esel ...

MÄNNERSTIMME Nein! Ein räudiger Hund! Wie der
gebrüllt hat bei der letzten Alerte!

DER TRAGISCHE HERR Er wäre idiotisch genug zu
glauben, jemand von uns gibt den deutschen
Fliegern geheime Signale . . .

DIE ALTE DAME AUS ARRAS Könnte das nicht wirklich vorkommen? Es wohnen so viel Ausländer
in diesem Haus . . . *Mit einem leisen Schrei* Aber
das war bestimmt eine Bombe . . .

DER TRAGISCHE HERR Noch immer die Abwehrbatterien. Gute Frau, Sie gleichen einem Kraft-
werk zur Erzeugung von Panik . . . Da kommt
Madame Bouffier, und sie bringt uns sogar ein
bißchen Licht mit . . .

*Madame Bouffier, die Hotelwirtin, ist mit einer
oben abgedeckten Laterne eingetreten. Sie ist
eine dicke Fünfzigerin mit flammend rot gefärb-
tem Haar. Ihr folgt Salomon, der Concierge des
Hotels, ein sehr kleiner, melancholischer, etwas
verwachsener junger Mann. — Nun erkennt man
in dem bescheidenen Licht den kahlen Raum mit
den Bänken an der Wand und einigen Stühlen,
auf denen die frierenden Hotelgäste sitzen, die
meisten in Schlafanzügen mit übergeworfenen
Mänteln.*

MADAME BOUFFIER Kontrollieren Sie die Vorhänge,
Salomon, damit wir keinen Anstand mit dem
Chef d'Ilot haben wie gestern . . .

SALOMON Jawohl, Madame Bouffier . . . *Er holt
eine Leiter zu den hochgelegenen Luken und sieht
nach, ob die blauen Vorhänge gut schließen.*

Die alte Dame aus Arras trägt unter ihrem dürftigen Straßenmantel ein Nachtjäckchen im Stil des vorigen Jahrhunderts. Neben ihr sitzt Clémentine, ihre Enkelin, ein vierzehnjähriges Mädchen mit naschhaften Augen und einem Nachtjäckchen desselben Stils.

DIE ALTE DAME AUS ARRAS Wie lange wird die Alerte heute dauern? Wir haben bereits die siebente Nacht nicht geschlafen. Und ich bin schon dreiundsiebzig alt und die Kleine ist erst vierzehn ...

DER TRAGISCHE HERR Frankreich hat zu viel und zu komfortabel geschlafen, Madame, und jetzt stirbt es ... *Bei diesen Worten erhebt er sich, ein großer Mann, dunkel gekleidet, in einem havelockartigen Mantel. Mit seiner abgeeckten, von weißem Haar umrahmten Stirn macht er den Eindruck eines jener Boulevardiers, wie man ihnen dann und wann bei den Bücherständen des Quai Voltaire begegnet. Die Taschen seines Mantels sind auch voll von Büchern.*

DIE ALTE DAME AUS ARRAS Daß ich d a s noch erleben mußte. Wissen Sie, ich bin aus der Provinz, aus Arras ... Es war der schönste Maimorgen, und wir wußten nichts, absolut nichts! Ich sage zu meiner Tochter: Die Eier sind teurer geworden. Und meine Tochter sagt, dieser Krieg ist das größte Verbrechen der Weltgeschichte. Meine Tochter unterrichtet nämlich Geographie und Weltgeschichte ... *Sie fängt zu schluchzen an* Leih mir dein Taschentuch, Clémentine ma petite ...

CLEMENTINE Hier, Großmama ...

SALOMON *von der Leiter steigend* In Ordnung, Madame Bouffier! Heut muß er das Maul halten, der Chef d'Ilot ...

DIE ALTE DAME AUS ARRAS Die Ärmste ist vielleicht schon eine Waise ... Ihr Vater, mein Sohn, steht als Leutnant der Festungsartillerie in der Maginot-Linie ... Nicht wahr, Clémentine?

CLEMENTINE Ja, Großmama ...

MADAME BOUFFIER *das Lamento der alten Dame abschneidend* Ich habe die Rede des Ministerpräsidenten nicht gehört. Was hat Monsieur Reynaud gesagt?

Szabuniewicz, der schläfrige Pole, ein stiernackig athletischer Mann, der gegen die Wand gelehnt, zu schlafen schien, öffnet die Augen zu einem Blinzeln. Sein harter, slawischer Akzent erregt sofort Aufmerksamkeit.

SZABUNIEWICZ Der Herr hat gesagt: »Die Situation ist ernst, aber nicht hoffnungslos.« Vielleicht hat der Herr auch gesagt umgekehrt: »Die Situation ist hoffnungslos, aber nicht ernst.« Ich bin schon lang genug in Frankreich. Aber eine fremde Sprache ist immer leichter zu sprechen als zu verstehn ...

MADAME BOUFFIER *die Hände faltend* Möge Gott unsere Generäle inspirieren: Maréchal Pétain und Général Weygand!

DER TRAGISCHE HERR So alte Männer, Madame, pflegt Gott nicht gerne zu inspirieren ...

SZABUNIEWICZ *reicht dem jungen Mädchen neben*

ihm die Mascotte, ohne die Augen zu öffnen
Hier ist Ihr Elephant, Mademoiselle . . .

Das junge Mädchen Ah! Wie haben Sie ihn gefunden, Monsieur? Sie haben ja geschlafen.

Szabuniewicz Szabuniewicz ist einer, der alles im
Schlaf findet, sagt der Oberst . . . *Gähnt und
schläft weiter.*

Die alte Dame aus Arras Helfen Sie doch meinem armen Kopf! Demnach . . . Es ist demnach
möglich, daß die Deutschen siegen . . . O Gott,
o Gott . . .

Der tragische Herr Der alte Gott wird sie daran
nicht hindern, Madame, und der alte Pétain noch
weniger. Ich fürchte, daß diese beiden reifen und
verehrungswürdigen Persönlichkeiten der Fünf-
ten Kolonne angehören . . .

Madame Bouffier Halt, meine Freunde, das ist ja
der reinste Defaitismus! Ich bin das Oberhaupt
dieses Hauses. Sie haben mir zu gehorchen wie
die Passagiere des Schiffes ihrem Kapitän! Als
Kapitän dulde ich keinen Defaitismus. Die Deutschen sind noch mehr als hundert Meilen von Paris entfernt. Ein Wunder kann geschehen, wie es
1914 geschehen ist, als die Boches noch viel näher
waren als heute und Gott den General Galieni
inspirierte, alle Taxis von Paris, mit Truppen beladen, dem Feinde entgegen zu werfen. Glauben
wir doch an Wunder! Damals haben wir gezittert
wie heute und wurden gerettet. Also ein wenig
Zuversicht und Heiterkeit, wenn ich bitten darf!
Ich habe meine Gäste immer als meine Familie

betrachtet ... *Zum Concierge* Lieber Salomon,
holen Sie doch das Grammophon aus dem Salon ...

DAS JUNGE MÄDCHEN Ja, lieber Salomon, das Grammophon aus dem Salon! Und die neue Platte von
Chevalier ...

DER TRAGISCHE HERR *stöhnend* Auch das noch!
Dieser heisere Gigolo ist mir auch ohne Bomben-
begleitung ein Greuel!

SALOMON Also vielleicht etwas klassische Musik?

DAS JUNGE MÄDCHEN Nur keine klassische Musik,
Salomon! Die ist so schrecklich lang, selbst wenn
sie kurz ist ...

SALOMON Also vielleicht etwas Jazz?

DER TRAGISCHE HERR Ich würde Sie in diesem Falle
ermorden, Salomon, und von jedem französischen Gericht freigesprochen werden!

SALOMON Also vielleicht ... *Achselzuckend* Wem
kann man es recht machen auf der Welt? *Will
abgehn*

MADAME BOUFFIER Warten Sie, Salomon! *Sie zählt
mit einem Feldherrnblick die Häupter ihrer Gäste*
Irgendwer fehlt mir. Irgendwer scheint im Bett
liegen geblieben zu sein. Dieser Leichtsinn ist
unerhört! Wenn der Chef d'Ilot dahinterkommt!
Wenn ein Unglück geschieht! Ich fühle mich verantwortlich für die Familie meiner Gäste ... Ich
habs! Monsieur Jacobowsky ist abwesend. Monsieur Jacobowsky hat sich wieder einmal ge-
drückt, die liebe leichtsinnige Seele ...

DER TRAGISCHE HERR Für diesen Monsieur Jacobowsky scheinen Sie sich ja besonders verantwortlich zu fühlen, beste Bouffier . . .

MADAME BOUFFIER Das will ich meinen. Er ist eine
sonnige Natur. Und ich ziehe sonnige Naturen
allen Schwarzsehern vor.

DER TRAGISCHE HERR Dieser Ausspruch richtet sich
gegen mich. Und ich habe seit zwanzig Jahren Ihr
kleines Hotel zum Hauptquartier meiner Lebens-
Irrfahrt erkoren . . .

MADAME BOUFFIER Monsieur Jacobowsky hat
mein kleines Hotel zwar erst seit zwei Jahren
zum Hauptquartier erkoren, aber er ist noch
keine einzige Wochenrechnung schuldig geblieben. Im Gegenteil! Er irrt sich oft zu seinen Un-
gunsten! Welch ein Wunder! Ein Mann und kein
Egoist! *Zu Salomon* Gehen Sie hinauf und holen
Sie ihn aus dem Bett!

JACOBOWSKY *der unversehens eingetreten ist* Nicht
nötig, Madame Bouffier . . . Sie brauchen sich nicht
zu échauffieren, mein lieber Salomon . . . Ich habe
nur einen kleinen Weg gemacht, in die Rue
Royale . . . *Jacobowsky ist ein untersetzter Mann
in mittleren Jahren mit einem rosig rundlichen
Gesicht und schönen langbewimperten Augen.
Er ist peinlich adrett gekleidet, in einem etwas
altmodischen, von Seidenborten umsäumten Cut-
away. Er zeichnet sich, diesem Anzug entspre-
chend, durch ein höfliches, ja oft feierliches Ge-
haben aus. Seine Ausdrucksweise ist wohlüber-
legt, formvollendet, manchmal bis zur Gewun-*

*denheit. Er spricht gewissermaßen ›wie ge-
druckt‹. Nur manchmal durchbricht das Magma
der Nervosität seine modellierten Sätze und man
erkennt, daß dieser Mann seine Haltung dem
Schicksal abgerungen hat.*

MADAME BOUFFIER *schlägt die Hände zusammen*
In die Rue Royale? Und das während eines Bom-
bardements? Wenn die Polizei Sie erwischt hätte,
oder der Chef d'Ilot, dieser Bösewicht, oder gar
eine Bombe, ein zusammenstürzendes Haus . . .

DAS JUNGE MÄDCHEN *Jacobowsky kokett betrach-
tend* Monsieur Jacobowsky ist eben sehr
mutig!

JACOBOWSKY Nicht die Bohne, mein liebes Fräulein! Mut beruht auf der Unfähigkeit, sich in die
Seele des Gegners versetzen zu können. Am
mutigsten sind Säuglinge, denn sie greifen sogar
ins Feuer. Ich beurteile die Gefahr nur mit Vernunft!

DER TRAGISCHE HERR *hämisch* Sie glauben wohl,
die Bombe, die S i e treffen könnte, sei noch nicht
gegossen . . . Sie i s t gegossen, mein Herr, bei
Krupp oder Skoda!

JACOBOWSKY Ich glaube an die Wahrscheinlich-
keitsrechnung, mein Herr, denn ich bin ein Lieb-
haber der Mathematik und Logik. Warum, so
frage ich mich, warum sollte unter vier Millionen
Parisern gerade ich, S. L. Jacobowsky, einer
Bombe zum Opfer fallen? Der mathematische
Bruchteil dieser Wahrscheinlichkeit ist doch ver-
schwindend klein . . .

MADAME BOUFFIER Was, bei allen Heiligen, haben Sie in der Rue Royale zu suchen, wenn es Bomben regnet?

JACOBOWSKY Ich dachte mir, die Damen würden an ein paar Marrons glacés Vergnügen finden. Die Damen leiden am meisten unter den aufregenden Ereignissen der letzten Wochen. Die Nacht ist lang, und die Marrons glacés sind ganz frisch ... *Er bietet ringsum den weiblichen Gästen an.* Bitte sich ungeniert zu bedienen. Ich habe eine vorzügliche Quelle in der Rue Royale, die mir sogar nachts offen steht ...

MADAME BOUFFIER Da sehen Sie's, meine Herrschaften, hab ich recht gehabt? Immer nur an andere denken ...

JACOBOWSKY *irritiert unterbrechend* Sie überschätzen mich, Madame Bouffier. Natürlich möchte ich, daß sich alle wohl fühlen, aber doch nur aus dem einzigen Grunde, damit ich mich selbst wohl fühlen kann.

MADAME BOUFFIER Oh, daß gerade die besten Ehemänner unverheiratet sind! Sie sollten heiraten!

JACOBOWSKY Nein, das sollte ich nicht! Ich bin ein Troubadour. Die Schönheit der Damen bestürzt mich und macht mich beklommen ...

DAS JUNGE MÄDCHEN Sie werden einsam sterben!

JACOBOWSKY Keine Sorge, mein schönes Kind! Man findet heute überall die üppigste Gelegenheit, in großer Gesellschaft zu sterben ... Bitte nur zuzugreifen, auch die Herren, es sind reichlich Reserven vorhanden ... *Zur alten Dame aus Arras* Madame, darf ich bitten ...

DIE ALTE DAME AUS ARRAS Oh, danke, Monsieur, danke! Ich bin so frei. Süßigkeiten trösten im Unglück. Der Herr bietet dir an, Clémentine. Du darfst dir ein Marron glacé nehmen ...

JACOBOWSKY Zwei, Mademoiselle, nehmen Sie ruhig zwei ...

DIE ALTE DAME AUS ARRAS Sie müssen nämlich wissen, wir sind geflohen, Hals über Kopf. Ich bin Witwe und aus Arras. Alles habe ich zurückgelassen, auch Frau Professor, meine Tochter. Sie hat gesagt: Ich bleibe auf dem Posten, wenn Hitler kommt ... O Gott, geflohen, geflohen, ich, eine Französin, wer kann das ausdenken?! Leih mir dein Taschentuch, Clémentine ...

CLEMENTINE Hier, Großmama ...

Salomon hat mittlerweile ein Grammophon gebracht und legt den Walzer von Strauß ›Mein Lebenslauf ist Lieb und Lust‹ auf die Scheibe.

DIE ALTE DAME AUS ARRAS *schluchzt vor sich hin* Geflohen in Frankreich, geflohen ...

Jacobowsky setzt sich freundlich neben die alte Dame und Clémentine. Seine Erzählung wird begleitet vom Straußwalzer und dem Geknatter und Gebombe draußen, das sich nähert. Sie wird unterbrochen von den Ausrufen einiger Gäste, die Karten zu spielen begonnen haben.

JACOBOWSKY Vielleicht, Madame, schafft es Ihnen Erleichterung, zu hören, daß meine Wenigkeit im Leben schon viermal geflohen ist, schlecht gerechnet. Das erstemal, als meine gute selige Mutter mit ihren fünf Kindern aus einem polnischen Städtchen nach Deutschland floh, da war ich nicht mehr und nicht weniger als drei Jahre alt. Wir mußten alles zurücklassen, damals, auch meinen frommen Vater, den die berühmten ›Schwarzen Hundert‹ des Zaren während eines netten kleinen Pogroms ums Leben gebracht hatten . . .

DAS JUNGE MÄDCHEN Mit drei Jahren! Wie schrecklich!

JACOBOWSKY Es war gar nicht schrecklich, Mademoiselle, denn in Deutschland wuchs ich auf, von der festen Überzeugung gewiegt, ein kleiner strammer Deutscher zu sein. Dieser begreifliche Irrtum wurde leider viel zu spät aufgeklärt, und zwar durch Hitlers ›Braune Millionen‹. Ich floh nach Wien, mit leichtem Gepäck, glücklich, daß es ohne Konzentrationslager abgegangen war . . . Wien! Hören Sie nur: ›Mein Lebenslauf ist Lieb und Lust‹ . . . *Er summt zwei Takte der Musik mit* Kaum hatte ich begonnen, ein waschechter Wiener zu sein und für neuen Wein und alte Walzer zu schwärmen, da holte mich das Schicksal wieder ein. Ich floh nach Prag, und diesmal ohne Gepäck . . . Prag! Kennen Sie Prag? . . . *Er lächelt träumerisch* Prag ist eine wunderschöne Stadt. Es tat mir aufrichtig leid, aus Prag fliehen zu müssen, und zwar zu Fuß, über die verschneite Grenze und ohne Winterrock . . . Paris aber ist die Stadt aller Städte. Ich habe eine große Eignung zum französischen Patrioten, Madame. Frankreich ist Gottes Land, dachte ich, und Franzose wirst du bleiben bis an dein Lebensende. Und nun . . .

DIE ALTE DAME AUS ARRAS Ich bin so unruhig, Monsieur . . .

JACOBOWSKY Und nun? Flucht Nummer fünf steht vor mir, nachdem ich bereits viermal mein Leben aus dem puren Nichts habe aufbauen müssen. Und sehen Sie, Madame, meine Freundin Bouffier hält mich trotz allem für ein heiteres Naturell . . .

MADAME BOUFFIER Sonnig, unerschütterlich sonnig . . .

JACOBOWSKY Wer weiß? Man bekommt Routine im Fliehen und Verlieren. Merken Sie sich, Madame: kein Unglück ist in der Wirklichkeit so groß wie in unserer Angst: ausgenommen vielleicht Zahnschmerzen . . .

DIE ALTE DAME AUS ARRAS Ihr Fall läßt sich mit uns doch nicht vergleichen, Monsieur! Unsere Familie lebt seit Jahrhunderten in Arras . . .

JACOBOWSKY Nein! Der Fall läßt sich wirklich nicht vergleichen . . .

DIE ALTE DAME AUS ARRAS Hast du gehört, Clémentine? Wir werden auch noch aus Paris fliehen müssen . . . Meine Tochter hat recht: auch Frankreich braucht einen Hitler . . .

AUSRUFE DER GÄSTE Das ist wirklich zu bunt . . . So etwas anhören müssen . . .

DER TRAGISCHE HERR *schreit mit geballten Fäusten* Ihre Tochter und Frankreich hat ihn schon, den Hitler . . .

JACOBOWSKY *bietet, um abzulenken, Zigaretten an*
Ich habe noch einige echte Dimitrinos . . .

DAS JUNGE MÄDCHEN Sie wissen aber, was gut ist,
Monsieur . . .

JACOBOWSKY Ja, das weiß ich. Ich habe nämlich
früh erfahren, was schlecht ist . . .

SZABUNIEWICZ *öffnet die Augen* Der Herr scheint
die Lage sehr ruhig zu beurteilen, der Herr . . .
*Die fernen dumpfen Schläge folgen zahlreicher
aufeinander.*

JACOBOWSKY Nicht ruhiger als möglich und nicht
unruhiger als nötig . . .

SZABUNIEWICZ *eine Zigarette nehmend* Der Herr
hat nicht viel zu fürchten von den Boches, der
Herr, vermutlich . . .

JACOBOWSKY Es gibt ohne Zweifel einige, die noch
mehr zu fürchten haben von den Nazis, als ich,
aber nicht viele. Ich habe mich nämlich durch
einige Verdienste mißliebig gemacht . . .

SZABUNIEWICZ Das glaub ich!

JACOBOWSKY Nicht so, wie Sie glauben. Als ich
noch selbst ein Deutscher war, da nannte man
mich Präsident und Generaldirektor und an meinem Tisch saßen Genies, Fürsten, Grafen, Bot-
schafter, Minister, Filmstars . . .

DAS JUNGE MÄDCHEN Welche? Greta Garbo?

JACOBOWSKY Mindestens! . . . Mein großes Verbrechen war die deutsche Kultur. Ich verehre sie
glühend: Goethe, Mozart, Beethoven! Und so
hab ich in Mannheim eine Schule für moderne
Architektur gegründet, in Pforzheim einen Ver-

ein für Kammermusik und in Karlsruhe eine Arbeiterbibliothek. Das verzeihen mir die Nazis nicht. Darauf steht nicht Dachau. Darauf steht der Tod . . .

SZABUNIEWICZ Recht geschieht Ihnen . . .

JACOBOWSKY *nickt bestätigend* Recht geschieht mir . . .

Mehrere heftige Explosionen – Aufschrei der Frauen.

DIE ALTE DAME AUS ARRAS *im Diskant* War das im Haus? . . . Laß uns gemeinsam sterben, Clémentine! *Umklammert das Mädchen.*

CLEMENTINE *gleichgültig* Ja, Großmama . . .

MADAME BOUFFIER Und wenn Sie jetzt auf der Straße wären, Monsieur Jacobowsky!

SALOMON *erbleichend* Ich höre ihn . . . Der Chef d'Ilot . . .

Heftiges Klopfen. – Die Kellertür wird aufgestoßen. Wütend stürzt der für den Luftschutz des Bezirks verantwortliche Chef d'Ilot in den Raum. Ihm folgen zwei Gehilfen, alle in Lederjacken, mit Revolvern und Taschenlampen.

CHEF D'ILOT Sind Sie wahnsinnig geworden, Madame Bouffier?! Immer nur Sie und Ihr Haus stören die Ordnung. Heute aber ist es das letzte Mal. Ich sollte Sie auf der Stelle verhaften. Das wäre mein Recht. Ihr Haus bringt ganz Paris in Gefahr. Ich lasse Ihr Haus morgen sperren! Dritter Stock, Straßenfront, viertes und fünftes Fenster von rechts hell erleuchtet, strahlend, festlich erleuchtet, nicht einmal die Gardinen vorgezogen,

wie beim Nationalfest am vierzehnten Juli im
tiefsten Frieden ... Sie sind verantwortlich, Madame Bouffier. Die Sache wird ein Nachspiel
haben. Nur weil ich zu viel zu tun habe, verhafte
ich Sie nicht ...

MADAME BOUFFIER *die ganz blaß geworden ist*
Mein Gott, das ist wahrscheinlich der polnische
Oberst, der gestern von der Front gekommen
ist ... Schnell, Salomon! *Eiligst ab mit dem Concierge, dem Chef d'Ilot und seinen Leuten.*

DER TRAGISCHE HERR Haben Sie gehört? Dieser
Chef d'Ilot schreit bereits wie ein Preuße. Aus
seiner Tasche schaut das Verräterblatt ›Grin-
goire‹ heraus und aus seinen Augen das künftige
›Heil Hitler‹ ... O Frankreich!

SZABUNIEWICZ *reibt sich den Schlaf aus den Augen*
Das ist der Oberst mit dem Mädchen bestimmt ...

DAS JUNGE MÄDCHEN Das Radio geht wieder ...
Hören Sie ... das Signal des nationalen Sen-
ders ...

*Aus dem Radio dringt plötzlich in kurzen, schar-
fen Intervallen wie ein Symbol der Verwirrung
und Sinnlosigkeit die kriegerische Mittelphrase
der Marseillaise. Alle blicken wie starr und von
Grauen gepackt nach dem alten Kasten hin, dem
sich die aufrührerische Fanfare in würgender
Monotonie entringt.*

JACOBOWSKY *murmelt bitter den Text vor sich
hin* »Aux armes, citoyens, formez vos batail-
lons!« ...

DIE ALTE DAME AUS ARRAS *weint laut* Das ist ja
der reinste Hohn . . .

DER TRAGISCHE HERR *in einem Ausbruch von Qual*
Abstellen! Abstellen!

*Das junge Mädchen schaltet das Radio aus. — Das
tiefe Schweigen wird nur durch das Schluchzen
der alten Frau unterbrochen. — Man hört die
schimpfende Stimme des Chefs d'Ilot wieder, die
sich entfernt. — Dann treten ein Madame Bouffier, Salomon, die leichte Person und Oberst
Tadeusz Boleslav Stjerbinsky, ein hoher, sehr
ausgemergelter Mann in Felduniform mit vielen
Auszeichnungen. Seine Bewegungen sind fe-
dernd, achtlos und gemessen zugleich. Bis auf das
Polnische spricht er jede Sprache gebrochen, doch
weiß er in seinen harten und rauhen Akzent stets
Eleganz und manchmal sogar eine eigene Melodie zu legen.*

MADAME BOUFFIER Wie konnten Sie nur so unvor-
sichtig sein, mon Colonel?

OBERST STJERBINSKY Es tut mir nicht wenig leid,
Madame . . . *Auf die leichte Person deutend* Ich
befürchte aber, daß Mademoiselle und ich die
Alarmsirenen überhört haben, wir zusammen
beide . . .

*Szabuniewicz ist kein schläfriger Pole mehr,
sondern steht regungslos habtacht, eine Aktenmappe unterm Arm.*

DIE LEICHTE PERSON *sich an den Oberst schmiegend*
Nur ich bin schuld, Madame Bouffier, nur ich
allein. Der Colonel kommt aus der Bataille de

France. Er hat gekämpft wie ein Löwe. Er hat
einen Streifschuß und fiebert ...

OBERST STJERBINSKY Wozu reden von so etwas?
Ein Schmarren! Eine Schramme!

DIE LEICHTE PERSON Gestiefelt und gespornt hat
er geschlafen wie ein Sack, der müde Arme! Da
wollt ich mich nicht rühren, um ihn nicht zu wekken. Das ist alles ...

OBERST STJERBINSKY Ich danke Ihnen, ma petite,
daß Sie auf sich nehmen die Schuld ... Die Männer Frankreichs — na, am besten man schweigt
über die Männer — die Frauen Frankreichs aber
sind sehr großmütig noch immer ...

MADAME BOUFFIER Ja, und mich zeigt der Chef
d'Ilot an, und die Polizei sperrt morgen mein
Hotel ...

DER TRAGISCHE HERR Sehr wahrscheinlich! Adieu,
fahr wohl, Mon Repos et de la Rose ...

OBERST STJERBINSKY Befürchten Sie nichts! Die
Pariser Polizei wird keine Zeit mehr haben, Ihr
Hotel zu sperren. Die Boches arbeiten viel schnel-
ler als die Pariser Polizei ...

DER TRAGISCHE HERR *mit eingekniffenen Lippen*
Soll das heißen, Monsieur, daß die Boches keinen
Widerstand mehr finden?

OBERST STJERBINSKY Ich war der Chef eines polnischen Regiments ... Ich kann nur sagen, was
ich weiß ...

DER TRAGISCHE HERR Es wäre sehr gütig von
Ihnen, Colonel, wenn Sie uns sagen wollten, was
Sie wissen ...

OBERST STJERBINSKY Ich weiß, daß mein Regiment
stark war dreitausend Mann. Ich weiß, daß wir
zu verteidigen hatten an der Somme einen Brük-
kenkopf mit für jedes Gewehr nur acht Patronen.
Ich weiß, daß die Stukas verfinsterten den Himmel und kein einziger Flieger uns zu Hilfe kam.
Ich weiß, daß die französischen Divisionen rechts
und links fortwarfen die Gewehre und mit Spa-
zierstöcken davonliefen wie Sonntagsausflügler
bei einem Gewitter. Sie ließen stehn ihre Geschütze und Tanks. Und ich weiß, daß von meinen dreitausend Polen nur übrig geblieben sind
fünfzehn Polen. Der Fünfzehnte bin ich!

DER TRAGISCHE HERR *totenbleich* Demnach ist . . .
Paris verloren . . .

OBERST STJERBINSKY Ich befürchte sehr . . .

MADAME BOUFFIER *mit versagender Stimme* Und
wann . . .

OBERST STJERBINSKY Morgen, übermorgen, oder
so . . .

DIE GÄSTE *springen auf und schreien durchein-
ander* Man muß sofort einpacken . . . Sauf-conduit auf der Polizei holen . . . Haben Sie ein
Kursbuch der Eisenbahnen . . . Vielleicht geht
noch der Schnellzug sieben fünfzig nach Lyon
. . . Auch die Strecke nach Bordeaux ist frei . . .
Bordeaux ist überfüllt . . . Nur schnell . . . Es ist
schon zwei Uhr . . . Wir haben keine Zeit zu verlieren . . .

Alles stürzt zur Ausgangstür.

MADAME BOUFFIER *mit Kapitäns-Stimme* Niemand

verläßt den Raum . . . Salomon, den Ausgang be-
wachen!

*Salomon stellt sich mit ausgebreiteten Armen
vor die Tür.*

DIE ALTE DAME AUS ARRAS Oh, verzeihen Sie mir,
Messieurs-Dames, ich glaube, mir ist nicht besonders gut . . . *Sie fällt in Ohnmacht, und zwar
in Jacobowskys Arme.*

CLEMENTINE *an ihrem zweiten Marron glacé kau-
end* Stirbt Großmama?

JACOBOWSKY Man stirbt nicht so leicht, mein
Kind . . . Es ist nichts als Angst. *Er bettet
mit Hilfe des jungen Mädchens und Madame
Bouffiers die Ohnmächtige auf eine Bank. Die
Gäste bilden eine dichte Gruppe um die alte
Dame.*

OBERST STJERBINSKY *zieht eine Flasche hervor und
reicht sie der leichten Person* Meine charmante
Freundin! Wollen Sie der erschöpften Dame dort
einflößen ein paar Tropfen von diesem Cognac . . .
Die leichte Person gehorcht Szabuniewicz!

SZABUNIEWICZ *militärisch* Hier!

Der nachfolgende Dialog schnell und leise.

OBERST STJERBINSKY Ist Zweifelkopf gekommen,
der Agent, dein Freund?

SZABUNIEWICZ Heute abend! Mitten durch die
deutschen Linien!

OBERST STJERBINSKY Gut! Hat er das Material gebracht, wie verabredet?

SZABUNIEWICZ *überreicht die Aktenmappe* Die
Adressen unserer Leute in Warschau, Lodz,

Lwow, Krakau, die Pläne, das Netz der Verbin-
dungen, alles in Code ...

OBERST STJERBINSKY Hat Zweifelkopf sonst mit jemand gesprochen von der Regierung, vom Militär?

SZABUNIEWICZ Nein! Er ist zurückgefahren in die
Schweiz. Nur der Oberst Stjerbinsky wird die
Mappe sicher nach London bringen, sagt er. Aus
drei Gründen, sagt er. Erschtens ...

OBERST STJERBINSKY Erschtens, weil es keinen bes-
seren Mann gibt unter Pilsudskys Obersten ...

SZABUNIEWICZ Erschtens nicht das! Sondern weil
es keinen gibt unter Pilsudskys Obersten, der
mehr Schwein hat als Stjerbinsky, sagt er ...

OBERST STJERBINSKY Und was sagt er zweitens?

SZABUNIEWICZ Zweitens, sagt er, haben die Boches
einen Preis gesetzt auf den Kopf vom Herrn
Oberst. Ganze fünftausend Mark. Wegen der er-
schossenen Wachen im Königsberger Kriegsge-
fangenenlager. Da wird der Herr Oberst vor-
sichtig sein, sagt er ...

OBERST STJERBINSKY Sagt er ... Drittens ...

SZABUNIEWICZ Drittens, weil ich den Herrn Oberst
begleite und zuverlässig bin wie eine polnische
Amme, sagt er ...

OBERST STJERBINSKY Und was noch?

SZABUNIEWICZ Wenn alle Stricke reißen und wir
nirgends durchkommen, sollen wir nach Saint
Jean-de-Luz gehn. Dort wird etwas organisiert
sein, sagt er ...

OBERST STJERBINSKY Wir werden kein Saint Jean-
de-Luz brauchen.

SZABUNIEWICZ Prosju Pane, Gutsherr mein, Vater und ewiger Wohltäter, nur diesmal, fleh ich untertänigst, nur diesmal keine Weiber . . .

OBERST STJERBINSKY Ich geb dir mein Ehrenwort, Szabuniewicz: Diesmal keine Weiber! . . . Marianne ist kein Weib, sondern meine Königin. Wir holen sie ab in Saint Cyrill . . .

SZABUNIEWICZ *sich die Stirne wischend* Königinnen sind schlimmer als Weiber . . .

DIE ALTE DAME AUS ARRAS *die sich inzwischen erholt hat* Oh Messieurs-Dames, ich schäme mich ja so sehr . . . Danke, danke, danke . . . Hast du große Angst gelitten, meine arme Clémentine? . . .

CLEMENTINE Ja, Großmama . . .

OBERST STJERBINSKY *laut, so daß ihn alle Gäste hören können, die nicht mehr um die alte Dame bemüht sind* Szabuniewicz, geh hinauf in mein Zimmer. Dort liegt herum alles Mögliche. Die Photographie von Marianne. Die Andenken, die ich ihr mitbringe! Pack ein das alles! Nimm die Satteltaschen! *Etwas leiser* Und meinen Rosenkranz. Vergiß den Rosenkranz nicht!
Szabuniewicz schiebt Salomon zur Seite und geht ab.

MADAME BOUFFIER Nur kein Licht machen, heilige Jungfrau!

OBERST STJERBINSKY Befürchten Sie nichts! Szabuniewicz ist einer, der alles im Finstern findet!
Jacobowsky tritt mit einer leichten Verbeugung vor den Oberst. Die Gäste bilden einen Halbkreis um beide.

JACOBOWSKY *Mon Colonel! Mein Name ist Jacobowsky! S. L. Jacobowsky! Ein Landsmann gewissermaßen. Auch ich bin in Polen geboren* ...

OBERST STJERBINSKY *kehrt ihm brüsk den Rücken* Dagegen läßt sich nichts machen ...

JACOBOWSKY *unbeirrt* Sie haben gekämpft, Colonel, Sie sind ein Held. Ich bin kein Held. Sie sind, wie ich fühle, ein starker Charakter. Ich bin nur ein nervöser Mensch. Starke Charaktere neigen zum Pessimismus. Ich bin ein Optimist. Frankreich ist mein fünftes und bestes Vaterland. Ich kann Frankreich nicht so schnell verloren geben. Frankreich hat die beste Armee der Welt. Der Heeresbericht spricht noch immer von Kämpfen, fern von Paris ... Ich trage stets eine militärische Karte bei mir ... *Er breitet eine große Karte auf dem Fußboden aus.* Haben Sie die Güte, Madame Bouffier, dieses matte Licht hierher zu stellen. Und nun, Colonel, helfen Sie uns. Erklären Sie die Lage! Lassen Sie uns die Stellungen der Armee betrachten ...

OBERST STJERBINSKY *kehrt sich wütend um und tritt die Karte mit Füßen* Das ist die Lage! Das sind die Stellungen! Herr ... Herr ... Wie heißen Sie?

JACOBOWSKY Jacobowsky, wenn Sie gestatten ... *Die Gäste senken die Köpfe tief und bewahren Todesschweigen.*

DER TRAGISCHE HERR *der schon lange Zeit, ganz zusammengebrochen, abseits sitzt, murmelt vor sich hin* Frankreich zertrampelt ... Zertrampelt Paris ... Paris ...

JACOBOWSKY Finden Sie nicht, daß es schade um die schöne Karte ist, mon Colonel?

OBERST STJERBINSKY Lieber sollten Sie sich die Karte vom Automobilklub anschaffen, Herr ...

JACOBOWSKY Meinen Sie?

OBERST STJERBINSKY Aber auch die wird Ihnen nichts nützen, denn es gibt kein Öl und keine Essence mehr in Frankreich ...

JACOBOWSKY *greift feierlich in die Tasche* Hier ist die Karte vom Automobilklub!

OBERST STJERBINSKY Haben Sie nicht zufällig ein Kaninchen bei sich, zwei Tauben, oder einen Hahn, der Eier legt?

JACOBOWSKY Sie irren, Colonel! Leider bin ich kein Zauberer, sondern nur ein besorgter Logiker. Unsereins muß Minen legen in die Zukunft ...

SZABUNIEWICZ *kommt zurück* Alles in Ordnung ...

OBERST STJERBINSKY Der Alarm ist zu Ende. Ich spürs. Du wirst meine schöne Freundin hier nach Hause bringen, Szabuniewicz ...

DIE LEICHTE PERSON Muß es sein?

OBERST STJERBINSKY Die Pflicht ruft!

DIE LEICHTE PERSON Wollen Sie mich nicht bei sich behalten, heute, morgen, übermorgen ...

OBERST STJERBINSKY *die Mappe hochhebend* Ich befürchte, das hier wird die einzige Geliebte sein, die mich begleitet übers Meer ...

JACOBOWSKY *in tiefen Gedanken* Wer weiß, ob Hitler sich nicht zuerst auf England stürzt anstatt auf Paris? »Was im Leben auch geschieht, immer

gibt es zwei Möglichkeiten.« Das pflegte meine
selige Mutter zu sagen . . .

OBERST STJERBINSKY *das Mädchen abwehrend, betrachtet Jacobowsky, heimlich fasziniert* Was für
zwei Möglichkeiten?

JACOBOWSKY *wie eine alte melancholische Melodie*
Entweder kommen die Boches nach Paris oder sie
stürzen sich zuerst auf England und kommen
nicht nach Paris. Kommen sie nicht nach Paris,
das ist doch gut! Kommen sie nach Paris, da gibt
es zwei Möglichkeiten. Entweder sie besetzen
ganz Frankreich oder sie besetzen nur einen Teil
Frankreichs. Besetzen sie nur einen Teil Frankreichs, das ist doch gut! Besetzen sie ganz Frankreich, da gibt es zwei Möglichkeiten . . .

OBERST STJERBINSKY *unterbricht ihn scharf* Ihr
Glaube ist falsch, Herr Wolfsohn . . .

JACOBOWSKY S. L. Jacobowsky, wenn ich bitten
darf . . .

OBERST STJERBINSKY Einerlei! . . . Ich weiß nicht,
wie viele Möglichkeiten es im Leben gibt, zwei
oder fünftausend. Für einen Mann aber, hören
Sie, Wolfsohn, für einen wirklichen Mann gibt
es immer nur eine e i n z i g e Möglichkeit! Wie?

JACOBOWSKY Unsere Partie, Colonel, steht zwei zu
eins!

*Schon während der letzten Worte haben die Si-
renen begonnen, das Ende des Alarms anzu-
zeigen.*

DIE GÄSTE *während sie sich eilig durch die Aus-
gänge drängen* Man hat vielleicht noch ein paar

Stunden Schlaf . . . Nein, ich werde nicht schlafen . . . Ich werde sogleich an alle Bahnhöfe tele-
phonieren . . . Mein Onkel ist pensionierter General, er weiß alles . . .

DIE LEICHTE PERSON *von Szabuniewicz sanft hin-*
ausgedrängt, wendet sich noch einmal zu Stjer-
binsky um Ich werde Sie nie vergessen . . .

OBERST STJERBINSKY *mit Kußhand* Danke, danke,
mein süßes Kind. *Er hebt die Lampe auf, in deren*
Schein er den Inhalt der Mappe betrachtet.

DIE ALTE DAME AUS ARRAS *geht als Letzte ab, ge-*
stützt von Clémentine und dem jungen Mädchen
Wir sind eine alte Familie, Clémentine . . . Wir
müssen Haltung bewahren, Haltung . . .

CLEMENTINE Ja, Großmama . . .

JACOBOWSKY *betrachtet kopfschüttelnd den tragi-*
schen Herrn, der mit starrem Wahnsinnsaus-
druck ein Streichholz nach dem andern anzün-
det und ausbläst Wollen Sie damit etwas beweisen?

DER TRAGISCHE HERR *vor sich hin träumend* Was
ist Paris? Was ist Frankreich? Was ist die
Menschheit? In jeder von diesen kleinen Flam-
men entstehen und vergehen Weltsysteme,
Sonne, Erden, Menschheiten, Millionen Kriege,
Siege, Niederlagen . . . Was ist Paris? *Tränen*
laufen ihm über die Wangen.

OBERST STJERBINSKY *die Mappe wieder unterm*
Arm, die Lampe in der Hand, eine Zigarette im
Mund Erlauben Sie . . . *Er steckt die Zigarette an*
einem Streichholz des tragischen Herrn an.

JACOBOWSKY Sie haben Ihre Zigarette an einem
Weltbrand entzündet, Colonel!

OBERST STJERBINSKY Warum nicht? Herr ... *Ihm
fällt der Name nicht ein. Er geht starken Schrittes
ab, die Lampe mitnehmend.*

*Dasselbe blaue Licht wie zu Anfang der Szene. –
Nur mehr Jacobowsky, Madame Bouffier und
Salomon sind da.*

MADAME BOUFFIER Vielleicht ist doch ein Wunder
geschehn ... Das Radio, Salomon ...

Salomon dreht das Radio auf.

JACOBOWSKY Ich werde auf jeden Fall ein Auto
brauchen, Salomon ...

MADAME BOUFFIER Hören Sie!

DAS RADIO ... übertragen den Hilferuf des französischen Ministerpräsidenten nach England und
den Vereinigten Staaten ... Le Président du
Conseil, Monsieur Reynaud ...

STIMME DES MINISTERPRÄSIDENTEN La situation est
grave ...

DES ERSTEN AKTES ZWEITER TEIL

*Vor dem Hotel ›Mon Repos et de la Rose‹. Einer
der kleinen stillen Pariser Plätze auf dem linken
Seine-Ufer. Eine angejahrte, einst prächtige Limousine vor der bescheidenen Front des Hotels.
Man sieht ein kleines Stück einer der Seitengassen.
Morgengrauen. In der Ferne hört man dann und
wann ein sonderbar schleppendes Geräusch wie*

*von hunderttausend Füßen, die unter schweren
Lasten über den Pariser Asphalt traben. – Der
Chauffeur eines reichen Hauses und Jacobowsky*

CHAUFFEUR *mit der unüberwindlichen Beredsamkeit eines alten gewiegten Gamins* Belieben Sie,
Monsieur, nichts als die simplen Fakten zu wägen. Die Boches stehen bereits in Meaux . . .

JACOBOWSKY Das Radio spricht erst von Compiègne . . .

CHAUFFEUR Das Radio ist nicht für die Wahrheit
erfunden worden. Bestenfalls stehen die Boches
in Meaux. Schlimmstenfalls werden sie morgen,
was sag ich, heute abend über die Champs-
Elysées marschieren. Hier aber vor Ihnen steht
eines der teuersten und treuesten Automobile
bereit, Sie nach dem Westen oder Süden Frankreichs in Sicherheit zu bringen. Sie haben keine
Wahl, Monsieur . . .

JACOBOWSKY *mit einer Taschenlampe die Räder
ableuchtend* Sagen Sie das nicht! Es verletzt
mich! Noch den Strick um den Hals werd ich an
den freien Willen glauben . . .

CHAUFFEUR Danken Sie lieber dem Schicksal, das
mich Ihnen in den Weg geführt hat. All die zehntausend Hispano-Suizas. Rolls-Royces, Buicks,
Packards sind auf und davon gefahren. Seit gestern gibt es in der Ville Lumière, in unserer
Stadt des Lichtes, der Aufklärung und des Verkehrs nur mehr ein paar Taxis und die verstecken
sich. Sollten Sie in irgendeiner Garage noch auf

einen Wagen stoßen, so ist er weniger wert als altes Eisen. Denn wo nehmen Sie Essence her, Monsieur, ja woher Essence, dieses Blut des Lebens? ... Ist Ihnen übel? Sie sehen schlecht aus ...

JACOBOWSKY Wieso übel? Wer sieht gut aus um halb sechs Uhr früh?

CHAUFFEUR Tenez votre morale, Monsieur! Halten Sie Ihre ›Morale‹ hoch. Das ist die Hauptsache. Wenn alles schief geht, haben wir doch unsre ›Morale‹ ...

JACOBOWSKY Ich würde Sie bitten, meine ›Morale‹ durch kürzere Sentenzen zu schonen!

CHAUFFEUR Es wird Ihrer ›Morale‹ jedenfalls zustatten kommen, wenn Sie hören, daß dieses Auto, das Ihr Leben retten wird, aus einem vornehmen Stall kommt ... Raten Sie ...

JACOBOWSKY Ich übe jede Selbstbeherrschung, mein Freund, aber einen Kopf für Rätsel hab ich heute nicht ...

CHAUFFEUR *pompös vertraulich* Rothschild ...

JACOBOWSKY Baron Rothschild ...

CHAUFFEUR Ich wußte, daß dieser Name in Ihren Ohren Musik sein wird, Monsieur ...

JACOBOWSKY *träumerisch* Ich stand in Verbindung mit dem Hause Rothschild ...

CHAUFFEUR Ich stehe noch immer in Verbindung mit dem Hause Rothschild. Als Chef des Wagenparks. Die Familie hat schon vor Wochen Paris verlassen. Denn wissen Sie, in puncto Rothschild da verstehen die Boches keinen Spaß. Die beiden Rolls-Royces sind mit und der neue Cadillac auch . . .

JACOBOWSKY Was geht mich das alles an?

CHAUFFEUR »Mein guter Philibert«, sagte der Baron beim Abschied zu mir, »der Wagen ist mir besonders ans Herz gewachsen, aber handle nach deinem Gutdünken, nur den Boches soll er nicht in die Hand fallen, Philibert . . .«

JACOBOWSKY Ich lausche Ihnen ehrfürchtig seit fünfzehn Minuten. Am Ende Ihrer Meistererzählungen werden die Deutschen die Stadtgrenze erreicht haben. Kommen Sie zur Sache . . .

CHAUFFEUR Sie sind der Mann meines Gutdünkens, Monsieur! Ich weiß, der Baron wäre glücklich, Sie, gerade Sie zum Nachfolger zu haben . . .

JACOBOWSKY Zur Sache! Was kostet der Wagen?

CHAUFFEUR Die Räder sind wie neu!

JACOBOWSKY Ich muß es glauben . . .

CHAUFFEUR Und das Wichtigste! Er ist gefüllt bis oben mit bester Essence, prima Lebensblut. Mobiloil! Wissen Sie, was das bedeutet heutzutage?

JACOBOWSKY Ich weiß es. Was kostet der Wagen?

CHAUFFEUR Einen Fliegenschiß!

JACOBOWSKY Was kostet ein Fliegenschiß?

CHAUFFEUR Vierzigtausend Francs!

JACOBOWSKY Ich leide manchmal an Gehörstörungen . . .

CHAUFFEUR Was haben Sie gehört? Ich habe fünfunddreißig gesagt.

JACOBOWSKY Au revoir!

CHAUFFEUR Halten Sie ihre ›Morale‹ hoch, Monsieur!

JACOBOWSKY Das tue ich soeben!

CHAUFFEUR Was kann Ihnen das Geld bedeuten? Heute!

JACOBOWSKY Solang ich habe, nichts! Aber die Morale bedeutet mir etwas. Solche Wagen find ich hundertzwanzig. Salomon hat noch andere Adressen. Danke bestens . . . *Wendet sich zum Gehen.*

CHAUFFEUR Ich erwarte Ihre Gegenvorschläge, Monsieur . . .

JACOBOWSKY Verkaufen Sie die Limousine an ein Museum! . . .

CHAUFFEUR Dort wird man sie gewiß neben der Karosse Ludwig des Vierzehnten aufstellen! Sonst haben Sie nichts zu bieten?

JACOBOWSKY Keine zehntausend ist der klapprige Veteran wert!

CHAUFFEUR Zehntausend begehrt heut jeder Lastwagen, wenn er Sie hinten aufsitzen läßt. Dies aber ist ein Auto, in dem ein Baron, und mehr als das, ein Bankmagnat, Entspannung fand. In diesem Auto fuhren ein Präsident der Republik und unzählige Minister . . .

JACOBOWSKY Vielleicht auch noch der alte Clemenceau.

CHAUFFEUR Ein guter böser Mann, der alte Clemenceau! Geben Sie fünfundzwanzigtausend!

JACOBOWSKY Die Rechtslage ist sehr verworren. Ich kann nicht nachprüfen, ob Sie befugt sind, den Wagen anzubieten ... Ich nenne als letzten Preis fünfzehntausend!

CHAUFFEUR Ich bin ein gesetzter Familienvater, der den Schrecken der Occupation entgegenblickt...

JACOBOWSKY Die Occupation wird selbst d i e s e n Wagen konfiszieren, obwohl er nicht einmal ein Reserverad besitzt!

CHAUFFEUR *hoheitsvoll* Schicksal ist Schicksal!

JACOBOWSKY Es ist ein irreguläres Geschäft. Ich will keine Untersuchungen anstellen. Ich kaufe mit Bewußtsein eine alte Katz im Sack ... Sechzehntausend bar! Ja oder nein?

CHAUFFEUR *entblößt seinen Arm* Was ist das?

JACOBOWSKY Haben Sie einen Autounfall gehabt?

CHAUFFEUR Nicht einmal im Traum!

JACOBOWSKY Hat ein wilder Hund ihren Arm zerfleischt?

CHAUFFEUR Die Boches haben meinen Arm zerfleischt, Herr ... Verdun!

JACOBOWSKY *greift sich an den Kopf* Verdun! ... Ich werde verrückt ... Ils ne passeront pas ... Sie s i n d durchgekommen... Die Siege von gestern werden zu Niederlagen von heute ...

CHAUFFEUR Sie benachteiligen also einen ehemaligen Kämpfer von Verdun!

JACOBOWSKY Zwanzigtausend! und nur wegen Verdun! *Er zählt die Scheine ab.*

CHAUFFEUR Hier ist die Carte grise ... Sie brauchen bloß Ihren Namen einzusetzen, und Rothschilds Limousine gehört Ihnen vor Gott und Menschen ... *Empfängt das Geld*

JACOBOWSKY *den Chauffeur traurig anblickend* Ich
bin ein internationaler Expert für Finanzwesen.
Ich habe die berühmte Dollar-Anleihe der Stadt
Baden-Baden zustande gebracht ... Und jetzt über-
zahle ich, nur wegen des Wortes ›Verdun‹, ohne
jede Garantie dieses Vehikel, von dem ich nicht
einmal weiß, ob es überhaupt vom Fleck kommt.
So tief sinkt man im Exil! ... Die Türen schließen
schlecht. Die Schutzscheibe ist zerbrochen. Überall Kratzer. Öffnen Sie die Motorhaube!

CHAUFFEUR *gehorcht, anerkennend schmunzelnd*
Monsieur kennt sich aus ...

JACOBOWSKY Ich erblicke ein schmutziges Kohlen-
bergwerk, wo seit zehn Jahren gestreikt wird ...
Der Motor ist eine Ruine ...

CHAUFFEUR *gekränkt* Der Motor, mein Herr, arbeitet wie mein eigenes Herz.

JACOBOWSKY Was weiß ich, wie Ihr eigenes Herz
arbeitet ...

CHAUFFEUR Setzen Sie sich doch an den Volant und
probieren Sie den Motor aus! Hier ist der Schlüs-
sel ...

JACOBOWSKY Wozu dieses Schlüsselchen? ...

CHAUFFEUR *starrt ihn an* Wozu dieses Schlüsselchen?

JACOBOWSKY *düster zerstreut* Ach so! Natürlich...
*Der Chauffeur öffnet höflich die Tür. Jacobowsky
setzt sich umständlich ans Steuer.*

CHAUFFEUR Sie werden sehn, er fährt so weich wie
die Liebe einer Mutter ... Wohlan, Monsieur!
Lockern Sie die Bremse! Geben Sie Gas! ...

Jacobowsky *regungslos, träumerisch* A propos, da fällt mir gerade ein, daß ich persönlich nicht zu fahren pflege ... Als ich Präsident war, stand ein Chauffeur stets in meinen Diensten. Uniform, strenges Dunkelblau! Es war ein nobler Mann und trug den Bart des Kaisers Franz Joseph! *Der tragische Herr ist inzwischen aus dem Hotel getreten. Unter seinem weiten havelockartigen Mantel wird ein bescheidenes Gepäckstück sichtbar, das er in der Hand trägt. Er macht ein paar sehr tiefe Atemzüge, als wolle er sich noch zum letzten Mal mit Pariser Luft vollsaugen* Einen schönen guten Morgen, Monsieur! Haben Sie ausreichend geschlafen? ...

Der tragische Herr Was kümmert Sie das?

Jacobowsky Sie sind gewiß im Begriff, Paris zu verlassen?

Der tragische Herr Was kümmert Sie das?

Jacobowsky In diesem Fall möchte ich Sie einladen ...

Der tragische Herr *unterbrechend* Ich lehne die Einladung ab ...

Jacobowsky Auf welche Weise aber wollen Sie an Ihr Ziel kommen?

Der tragische Herr Ich habe kein Ziel ...

Jacobowsky Doch auch ohne Ziel, wie ...

Der tragische Herr Zu Fuß ... zu Fuß ... zu Fuß ... Wie die meisten ... Still! Hören Sie!

Fern wird das unaufhörlich dichte Getrappel von Millionen Schritten deutlicher vernehmbar.

JACOBOWSKY *greift sich ans Herz* Was ist das? Sind
das schon die Deutschen?

DER TRAGISCHE HERR Noch nicht die Deutschen ...
Die Pariser!

CHAUFFEUR Ja, das sind die Pariser!

*Der tragische Herr tritt etwas vor, als spräche er
nicht zu Jacobowsky, sondern zur ganzen Welt
oder zu sich selbst. Zugleich geht das Geschleppe
und Getrappel der Schritte in Musik über, welche
seine Rede begleitet und rhythmisiert. Während
dieser Rede aber treten aus der Tür des Hotels
die Gäste, einzeln oder paarweise, mit Gepäck
beladen, gehen, sorgenvoll miteinander flüsternd,
über die Bühne und verschwinden in der Seitengasse. Es ist wie ein sonderbares Ballett, das
die Worte des tragischen Herrn anschaulich
macht.*

DER TRAGISCHE HERR Die Pariser gehn, gehn, gehn.
Sie ziehen zu den Bahnhöfen. Aber die Bahnhöfe
sind tot, denn keine Züge werden mehr abge-
lassen. Da wenden die Pariser ihren Schritt und
gehn und gehn durch die langen Vorstadtzeilen,
tausend, zehntausend, hunderttausend, alle mit
Sack und Pack, junge Frauen, alte Männer, kleine
Kinder und Großmütter, die Geschäftsleute und
die Ärzte, die Commis und die Advokaten und
die Wirte der Bistros und die Kellner und die
Coiffeure und die Deserteure und die Mieter des
Hauses und der Concierge und die Hunde, und
nur die Katzen bleiben daheim. *Die ersten Gäste
sind gekommen und gegangen* In den Beinen

hats uns gepackt, und die Beine, sie müssen gehn
und gehn. Unsre Beine haben noch einen Vorsprung von vierundzwanzig oder von achtundvierzig Stunden. Dann sind die Boches da, und
wo wir sein werden und was mit uns geschehen
wird, das weiß Gott und Saint Denis und Sainte
Geneviève allein. *Neue Gäste* Hören Sie? Das
sind keine Maschinengewehre, das sind die letzten Rollbalken, die an den Schaufenstern nieder-
rasseln, Lafayette und Trois Quartiers und Potin
und die Prachtläden der Rue de la Paix. Hören
Sie's nicht? *Neue Gäste* Die Champs-Elysées und
die Place de la Concorde und die Inneren Boulevards und die Äußeren Boulevards, sie sperren
ab und sie wandern mit, hinaus nach West und
Südwest über die großen Landstraßen. Und was
zurückbleibt, das ist nicht mehr die Place de la
Concorde und Vendôme und der Boulevard Ma-
lesherbes und des Italiens, das sind Fassaden und
Kulissen und ein alter flimmernder Film. *Die
alte Dame aus Arras und Clémentine kommen
und gehen als Letzte. Hinter ihnen schiebt ein
kleiner Junge das Gepäck auf einem Handkarren*
Wenn die Boches einmarschieren, wird Paris ein
schmutziger Sarg sein, in dem nicht einmal mehr
ein Leichnam liegt. Ich aber bin in Paris geboren
und ich gehöre zu Paris und ich ziehe fort mit
Paris aus Paris. Und ich will nicht fahren, sondern ich will gehn und gehn mit den andern und
mit den wandernden Boulevards, stundenlang,
tagelang. Denn wenn die Beine schmerzen, dann

tut das Herz weniger weh . . . *Er geht langsam ab mit langen steifen Schritten.*

JACOBOWSKY *der ihm gebannt nachgeblickt hat, nach einem langen, gedankenvollen Schweigen* Ich möchte so schnell wie möglich den Atlantischen Ozean erreichen. Es gibt ohne Zweifel noch immer Schiffe, die einen nach England oder Amerika bringen . . . *Zum Chauffeur* Wären Sie gesonnen, mon ami, für einen guten Preis mein Führer zu sein?

CHAUFFEUR Oh, Monsieur, ich denke ganz anders als jener sonderbare Herr dort. Ich könnte jetzt gerade Paris weniger verlassen als ein Mann seine sterbende Mutter . . .

MADAME BOUFFIER *tritt, tief niedergeschlagen, aus dem Hotel* Mein Haus ist leer. Ich habe keinen Mut mehr. Ich bin eine alte gebrochene Frau . . .

JACOBOWSKY Meine gute Madame Bouffier! Jeder Mensch hat im Herzen ein heimliches Tabernakel, wo die fünf bis sieben Dinge wohnen, an denen er hängt. Eines dieser Dinge heißt bei mir Paris und das Hotel ›Mon Repos et de la Rose‹, wo ich zwischen Flucht Nummer vier und fünf ein wenig aufatmen durfte . . .

MADAME BOUFFIER Sie sind ein treuer Mensch . . .

JACOBOWSKY Das bin ich wirklich. Und ich will Ihnen meine Treue praktisch beweisen. Sie wissen, daß ich als überzeugter Optimist bei Ausbruch des Krieges kostbare alte Möbel gekauft habe, um später einmal mir eine Wohnung einzurichten. Hier ist das Lagerverzeichnis und die Anweisung an den Spediteur. Schmücken Sie Ihr Haus mit diesen Möbeln!

MADAME BOUFFIER Ich werde sie aufbewahren für Sie. Denn vielleicht finden Sie doch noch eine Frau, die Sie liebt.

JACOBOWSKY Was soll eine Frau lieben an mir? Ich kann nicht einmal die berechtigte Minimalforderung des Weibes erfüllen: fester Wohnsitz und kein Bauch . . . Meinen Schrankkoffer lasse ich Ihnen ebenfalls zurück. Ich nehme nur meine Handtasche mit und die Teppiche, die Teppiche selbstverständlich. Hat Salomon die Teppiche schon zusammengerollt?

MADAME BOUFFIER *ins Haus rufend* Salomon . . . Die Sachen von Monsieur Jacobowsky . . .

JACOBOWSKY Sie werden es vielleicht nicht verstehen, aber ich hänge sehr an diesen beiden Teheran-Teppichen. Es sind hochwertige Prachtstücke. Sie haben einst den Kiosk des Sultans Abdul Hamid geschmückt. Und in mein neues Exil nehme ich wenigstens eine Illusion von Besitz mit . . .

Szabuniewicz erscheint in der Seitengasse. Hinter ihm ein als Cowboy verkleideter Greis, der zwei Pferde am Zügel führt. Szabuniewicz winkt ihm, in der Gasse stehen zu bleiben. Er selbst beginnt ungeduldig vor dem Hotel zu patrouillieren. Er trägt einen steifen Hut und Handschuhe.

MADAME BOUFFIER *auf den Chauffeur weisend* Und dieser Herr wird Sie an die Grenze führen?

CHAUFFEUR Auf keinen Fall, Madame! Ich gehöre
zu den eingefleischten Parisern, die nicht einmal
die Boches aus Paris vertreiben können . . .
*Der Concierge Salomon schleppt zwei schwere
eingerollte Teppiche aus dem Hotel, nachdem
er zuerst Jacobowskys Handtasche gebracht
hat.*

JACOBOWSKY *seufzt* Salomon, was wird aus Ihnen
werden . . . Ich sorge mich um Sie, Salomon . . .

SALOMON *unter der Last keuchend* Was weiß ich,
was aus mir werden wird? . . . Ich hab's nie ge-
wußt . . . Ich bin ein Findelkind der israelitischen
Gemeinde. Es gibt wenige Findelkinder unter
uns. Ich bin eine enorme Rarität meiner Rasse . . .

MADAME BOUFFIER *resolut* Den Schutz von Salomon übernehme ich. Und wenn ich ihn im Keller
verstecken müßte und Tag und Nacht Wache
stehn davor! *Salomon beginnt mit Hilfe des
Chauffeurs die großen Teppiche im Fond des
Wagens zu verstauen. Jacobowsky geht mit Madame Bouffier die Liste des Spediteurs durch,
so daß sie den folgenden Dialog nicht hören.
Oberst Stjerbinsky erscheint im Portal. Mit dem
Fuß stößt er seinen prallen Offiziersrucksack auf
das Trottoir. Unter den Arm geklemmt trägt er
die Aktentasche, in der rechten Hand einen Gei-
genkasten, in der linken seine Satteltaschen. Er
ist in einen enganliegenden grauen Zivilanzug
gekleidet, dessen Ärmel etwas zu kurz sind. Madame Bouffier, mit einem Blick auf den Oberst,
zu Jacobowsky* Das sind meine letzten Gäste,

diese Polen! Ein attraktiver Mann, der Oberst!
Aber ich weine ihm keine Träne nach . . .

OBERST STJERBINSKY *halblaut zu Szabuniewicz*
Was ist mit dem Flugzeug?

SZABUNIEWICZ Sie haben sich halb tot gelacht . . .

OBERST STJERBINSKY Und unser Vizekonsul?

SZABUNIEWICZ Seit vorgestern mit allen drei Wagen in Bordeaux . . .

OBERST STJERBINSKY Und unsre polnische Regierung in Angers und unser Generalstab?

SZABUNIEWICZ Bereits seit einer Woche in London!

OBERST STJERBINSKY Uns aber lassen sie in der Tinte sitzen! Hast du aufgetrieben einen Wagen?

SZABUNIEWICZ Wenn man schon einen Chauffeur findet, so verlangt er, daß man vorausbezahlt eine haushohe Summe und um Essence einreicht beim Ministerium für Transportwesen. Haben Sie eine haushohe Summe? Also!

OBERST STJERBINSKY Ich muß spätestens morgen abend in Saint Cyrill sein. Marianne wartet . . . Und die Dokumente müssen nach London . . .

SZABUNIEWICZ Das hätte sich der Herr Oberst gestern sagen sollen, anstatt mit der jungen Dame . . .

OBERST STJERBINSKY Gestern ist gestern. Heute vor Sonnenaufgang war ich in der Kirche nebenan, hab den Priester geweckt, gebeichtet und bereut. Meine Seele ist rein für Marianne . . .

SZABUNIEWICZ Hätten wir nicht, wie man sagt, gegen Marianne eine gute Force majeure, nicht nach Saint Cyrill . . .

OBERST STJERBINSKY Die einzige Force majeure ist
mein liebevolles Verlangen nach dieser Frau ...
Schau also, daß du zwei anständige Pferde ver-
schaffst ...

SZABUNIEWICZ Pferde?! Das ist doch das reinste
Mittelalter ...

OBERST STJERBINSKY Was weißt du vom reinsten
Mittelalter? Ein Masseur! Was verstehst du von
Pferden? Ein Irrenwärter! Ein gutes Pferd legt
zurück im Tag mehr Kilometer als ein Medium-
Tank. Ein Pferd braucht keine Essence, sondern
nur ein bißchen Hafer und Heu. Ein Pferd trabt
neben der verstopften Straße durch die Felder.
Also!

SZABUNIEWICZ Wenn der Herr Oberst lieb und
brav ist und nicht nach Saint Cyrill reitet, sondern nach Bordeaux, da hätt' ich vielleicht ...

OBERST STJERBINSKY Was für Gerede ...

SZABUNIEWICZ Szabuniewicz kennt die Wünsche
seines Gutsherrn und Wohltäters auswendig ...
Geruhen zu schaun ... *Er winkt. Die Pferde erscheinen in der Mündung der Seitenstraße.*

OBERST STJERBINSKY *breit lächelnd* Pferde ... *Er
beginnt die Schindmähren sogleich zu untersuchen.*

SZABUNIEWICZ Brave französische Nichols... Ganz
billig ...

OBERST STJERBINSKY *sein Gesicht verdüstert sich*
Du bist ein Idiot! ... Das sind keine Medium-
Tanks, das sind nicht einmal Pompefunèbre-
Gäule, das sind Mumien des Altertums ...

SZABUNIEWICZ *gekränkt* Sie gehören zum Vergnügungspark in Neuilly ...

OBERST STJERBINSKY Sie brechen zusammen, wenn die Huren am Sonntag auf ihnen in der Manege reiten ... Schick ihn fort!

SZABUNIEWICZ Er bekommt ein Trinkgeld ... *Oberst Stjerbinsky greift in die Tasche und reicht ihm etwas* Was ist das?

OBERST STJERBINSKY Die Silbermedaille für das Hubertusrennen auf Schloß Radziwill. Erster Preis ...

SZABUNIEWICZ Zehn Papierfrancs wären ihm lieber ...

OBERST STJERBINSKY Sie ist fünfzig wert ... Ich muß sparen mit dem Bargeld!

Greis mit Pferden ab.

JACOBOWSKY *der den Obersten im Umgang mit Pferden fasziniert beobachtet hat, nähert sich ihm, nach einem sichtbaren Seelenkampf, äußerst formell* Mon Colonel! Sind Sie Automobilist?

OBERST STJERBINSKY Ich bin Kavallerist! ...

JACOBOWSKY Die moderne Kavallerie pflegt motorisiert zu sein.

OBERST STJERBINSKY *mit finsterem Stolz* Nicht in Polen!

JACOBOWSKY Ich zweifle nicht, daß Sie ein Auto lenken können.

OBERST STJERBINSKY Ist die Straße schnurgerade, fahre ich sehr brillant. Kurven hasse ich. Zum Chauffieren dient mir meist meine Ordonnanz.

JACOBOWSKY Das genügt, mon Colonel. Sie können lenken. Ich nicht. Die Zeit drängt. Sie stre-
ben zum Ozean. Ich ebenfalls. Wir ergänzen uns
also. Hier steht mein neuer Wagen . . .

OBERST STJERBINSKY Ich erinnere mich Ihres Na-
mens. Sie sind Herr Leibowicz . . .

JACOBOWSKY Verzeihung, Jacobowsky, S. L. Jacobowsky . . .

OBERST STJERBINSKY Und Sie sind Pole?

JACOBOWSKY Ich bin unter anderm auch Pole. Das
heißt, ich bin sogar in e r s t e r L i n i e Pole, weil
in Polen geboren . . .

OBERST STJERBINSKY Wo sind Sie geboren in Polen?

JACOBOWSKY In dem Dorfe Studno bei Radom . . .

OBERST STJERBINSKY *behaglich* Schau, schau, Studno bei Radom . . . Dort besaß einst mein Vater
ein großes Gut . . .

JACOBOWSKY *die Augen mit einem Lächeln auf-
schlagend* Dort besaß m e i n Vater k e i n großes
Gut . . .

OBERST STJERBINSKY Hat mit geistigen Getränken
gehandelt, der Papa? . . .

JACOBOWSKY Nicht gerade mit Getränken, aber mit
Geist ein wenig . . . Er hat die jüdischen Kinder
in biblischer Geschichte unterrichtet, Kain und
Abel, David und Goliath, wissen Sie, und Ähn-
liches . . .

OBERST STJERBINSKY Herr . . . Herr . . . Ich komme
Ihnen so schwer auf den Namen . . . Ich hoffe,
Sie sind polnischer Patriot!

JACOBOWSKY *die Hand auf dem Herzen* Ich bin fest entschlossen dazu!

OBERST STJERBINSKY Durch diesen Wagen werden wir wichtige Dokumente unsres Freiheitskampfes der Gefahr entreißen ...

JACOBOWSKY Ich sehe mit Vergnügen, daß Sie meine Einladung angenommen haben, Herr Oberst ...

OBERST STJERBINSKY Die Zeit drängt ... Lassen Sie diese Teppiche aus dem Auto schaffen ...

JACOBOWSKY Um Verzeihung! Diese Teppiche sind sehr wertvoll. Sie sind die Freude aller Kenner. Sie sind gewissermaßen das Letzte, was mir geblieben ist. Sie sind die Symbole einer Heimstätte mitten in meiner Heimatlosigkeit. Sie dienen der Erhaltung meiner Menschenwürde. Man wird sie als Hausrat über die Grenze lassen. Die Teppiche bedeuten mir sehr viel ...

OBERST STJERBINSKY Ich bin nicht gewohnt, zu reisen in einem Möbelwagen. Ich bin einer von Pilsudskys Obersten. Und außerdem muß der Fond leer bleiben zu einem bestimmten Zweck ...

JACOBOWSKY Warum muß der Fond leer bleiben?

OBERST STJERBINSKY Ich liebe es nicht, meine Pläne zu begründen. Und ich hasse schwer beladene Gefährte. Meine Devise ist: Leichtes Gepäck!

JACOBOWSKY Entschuldigen Sie! Diese Limousine habe schließlich i c h von dem Manne hier erworben ...

CHAUFFEUR Für einen Fliegenschiß, Monsieur ...

OBERST STJERBINSKY Sie müssen sich klarmachen
  beizeiten, Herr ... *Zu Szabuniewicz* Wie heißt er?

SZABUNIEWICZ Herr Jacobowsky ...

OBERST STJERBINSKY Sie retten, Herr Jacobowsky,
  in diesem Wagen nicht nur Ihre bescheidene Person, sondern Sie dienen indirekt einem höheren
  Zweck.

JACOBOWSKY Hoffentlich ...

OBERST STJERBINSKY Na also! Seien Sie stolz!

JACOBOWSKY *nach einer traurigen Pause* Nehmen
  Sie die Teppiche aus dem Wagen, Salomon ...
  *Salomon führt langsam unter stummem Protest
  den Befehl aus* Madame Bouffier! Bewahren Sie
  diese Teppiche als weiteres Andenken an
  mich ...

MADAME BOUFFIER Das ist unmöglich. Warum
  lassen Sie sich auf solche Art behandeln?

JACOBOWSKY Ich weiß es selbst nicht, Madame
  Bouffier ... Der Oberst und ich sind gewissermaßen Mitarbeiter. Am Werk der Flucht. Mitarbeiter müssen einander Opfer bringen. Ich bin
  bereit dazu! Wer braucht heutzutage Abdul Ha-
  mids Teppiche ...

SZABUNIEWICZ Bitte Platz zu nehmen, die Herren
  ... Die Boches marschieren ...

JACOBOWSKY *hat die Automobilkarte hervorge-
  zogen* Unser Weg geht über die großen Boulevards, Place de la Bastille, Ivry, auf die Route
  Nationale nach Westsüdwest ...

OBERST STJERBINSKY *ohne in die Karte zu blicken*
  Unser Weg geht über die Champs-Elysées, Saint

Cloud, Versailles, auf die Route Nationale nach Westnordwest ...

JACOBOWSKY *heftiger Schweißausbruch* Westnordwest?! Sie sagen das nicht im Ernst! Wollen Sie den deutschen Divisionen in die Arme laufen?

OBERST STJERBINSKY Überlassen Sie die taktischen Probleme mir! ... Im Süden und Westen sind alle Straßen von Flüchtlingen verlegt. Haben Sie kein Vertrauen in einen polnischen Oberst?

JACOBOWSKY Verrückterweise hab ich sogar ein Körnchen Vertrauen unter einem Berg von Zweifel ... Schließlich aber ist es doch mein Wagen, obwohl von Sekunde zu Sekunde die Überzeugung in mir hinschmilzt, daß es m e i n Wagen ist ...

OBERST STJERBINSKY M e i n Wagen! Was heißt das, Jablobowsky, im Weltuntergang? Kann jemand sagen, dieses Rettungsboot ist m e i n Rettungsboot auf stürmischem Meer? ... Und außerdem hol Sie der Teufel! Sie scheinen nicht zu verstehn, was es bedeutet, daß ich mich einladen lasse von Ihnen! Ich verzichte auf Ihren Rumpelkasten! Pferde sind auf jeden Fall besser. Komm, Szabuniewicz!

JACOBOWSKY Nein! Ich bitte Sie. Es ist alles in Ordnung. Ich bin ein nervöser Mensch. Sie sind ein hoher Offizier. Sie sind Stratege. Sie sind erzogen zu Umsicht und Initiative. Sie dienen einem höheren Zweck. Sie müssen so schnell wie möglich den Atlantischen Ozean erreichen. Ich bin unter Ihrem Schutz. Die L o g i k spricht für Sie!

SZABUNIEWICZ *vertraulich zu Jacobowsky* Da läßt
sich nichts machen. Es ist wegen der Dame . . .

JACOBOWSKY *verstört* Was für eine Dame? Wozu
eine Dame?

SZABUNIEWICZ Coeur Dame . . . Man kann sich aber
auf sein Glück verlassen . . .

MADAME BOUFFIER O Gott, mein Freund! Können
Sie nicht noch schnell einen andern Fahrer finden?

JACOBOWSKY Zu spät! Die Entscheidung ist gefallen.
Ich bin wie hypnotisiert von meinem Schicksal.

MADAME BOUFFIER Diese Leute werden Ihr Tod
sein . . .

JACOBOWSKY Man hat so wenig Wahl heute zwischen Tod und Tod . . . *Oberst Stjerbinsky hat
sich an das Steuer gesetzt, neben ihm Szabuniewicz. Jacobowsky tröstet Madame Bouffier mit
heiterer Stimme* Keine Sorge um mich, ma chère
amie! Ich habe ein gutes Vorgefühl. Die Sache
wird interessant . . . Wir sehn uns wieder . . . *Er
küßt ihr die Hand. Sie zieht ihn an sich* Salomon,
meine Post . . .

SALOMON Wohin soll ich die Post schicken? . . .

JACOBOWSKY *drückt ihm die Hand* In mein Vater-
land Nummer sechs. Diesseits oder Jenseits!
Adresse folgt . . . *Er nimmt Platz im Fond des
Autos.*
*Oberst Stjerbinsky tritt wütend auf den Gas-
hebel. Der Wagen reagiert nicht.*

OBERST STJERBINSKY Psia krew! Was ist das? Ich
gebe dem Luder die Sporen. Und es rührt sich
nicht . . .

JACOBOWSKY *verliert plötzlich seine Fassung und keucht* Ich bin betrogen! Ich bin hereingefallen! Der Motor ist eine Ruine ...

CHAUFFEUR *hoheitsvoll* Nur Ruhe, mein Herr! Der Wagen ist das tadellose Objekt eines großen Hauses. Ich bin hergekommen mit ihm, und Sie werden mit ihm fortkommen ... Die Batterie muß frisch geladen werden. Weiter nichts. Um die Ecke ist eine Garage. Bitte aussteigen und anschieben, Messieurs! Nur zwanzig Meter ...

OBERST STJERBINSKY *indem er aussteigt, zu Jacobowsky, der ebenfalls ausgestiegen ist, mit Bitterkeit* Da sehen Sie, was man mit Ihnen für Schwierigkeiten hat! Und gleich zu Beginn!

JACOBOWSKY Ja, das fängt wirklich gut an ...

Die lauten Stimmen haben inzwischen einige Pariser angezogen, kleine Kinder und alte Leute an Krücken und Stöcken, die zu schwach sind, die Stadt zu verlassen.

CHAUFFEUR Anschieben, Messieurs, anschieben!

OBERST STJERBINSKY Halt! Niemand weiß, was vor uns liegt! Es ist daher sehr notwendig, den Himmel anzurufen vor der Abreise ... *Streng zu Jacobowsky* Das gilt auch für Sie, Herr Ja ...

SZABUNIEWICZ Jakobowsky!

JACOBOWSKY Für mich zehnfach, Colonel! Denn vor Ihnen liegt nur die Reise mit m i r. Vor mir aber liegt die Reise mit I h n e n !

Oberst Stjerbinsky bekreuzt sich und verweilt einige Augenblicke still! – Dann wendet er sich

wie ein Redner an die Greise und Kinder rings,
die ihn aus großen Augen anstarren.

OBERST STJERBINSKY Pariser! Ihr sollt nicht glauben, vielleicht, daß ich, der polnische Oberst Stjerbinsky, davonlaufe vor den Boches! Ich ziehe mich nur zurück zur Gegenoffensive! *Er setzt sich wieder ans Steuerrad* Fertig! Los! Auf mein Kommando! Eins, zwei, drei . . .

Jacobowsky, Szabuniewicz, der Chauffeur schieben mächtig an. Der Wagen rührt sich nicht.

CHAUFFEUR Die Bremse, Colonel, die Bremse!

OBERST STJERBINSKY Ach so, die Bremse . . . *Er löst den Hebel. Der Wagen rollt langsam vorwärts. Einige von den Kindern schieben mit.*

MADAME BOUFFIER *winkt, was sinnlos ist, mit einem Taschentuch und schluchzt* Gott schütze Jacobowsky!

DES ZWEITEN AKTES ERSTER TEIL

Cottage von Saint Cyrill bei Pontivy. Straße. Gartenmauer mit kleiner Eingangspforte. Dahinter die Villa von Marianne Deloupe. Das Haus ist so reich von blauer Klematis und Kletterrosen umschlungen, daß nur Fenster und ein kleiner Balkon sichtbar sind. Auf der Straße, etwa bis in ihre Mitte, liegt ein großer Steinhaufen als Tankhindernis. — Sommerliche Abenddämmerung, die später in eine grelle Vollmondnacht übergeht. Man hört aus weiter Ferne ein finsteres Murren und

Grollen, aus dem manchmal das atembeklem-
mende Näher-Röhren und Verdröhnen deutscher
Flugzeuge laut wird. – Beim Aufgehn des Vor-
hangs eilen Männer, Frauen und Kinder über die
Straße, mit verzweifelten Gesichtern ihre Hab-
seligkeiten schleppend. Ginette stürzt aus dem
Haus. Sie ist eine noch hübsche Person von fünf-
unddreißig, die so manches hinter sich hat. Sie
stellt ihr Suitcase hin und läuft, während sie den
Hut aufsetzt, ans linke Ende der Straße, laut
rufend.

GINETTE Madame Firmin ... Madame Firmin ...
Marianne ist Ginette vor den Garten gefolgt. Sie
trägt ländlich-häusliche Kleidung. Obwohl sehr
bleich, scheint sie völlig ruhig zu sein, träume-
risch-ruhig. Ginette läuft auf die andre Seite der
Straße und schreit Madame Gramont ... Madame Gramont ... *Sie kommt zurück zu Ma-*
rianne Nichts ... Die Fensterläden sind geschlossen ... Alle Nachbarn fort ... Es geht dort noch
der Autobus nach Pontivy in zehn Minuten. –
Es ist der letzte Autobus vor dem Jüngsten Gericht ...
MARIANNE Sie müssen sich beeilen, Ginette ...
GINETTE Haben Sie nicht das Radio gehört, Madame?
MARIANNE Ich höre niemals Radio ...
GINETTE Dann hören Sie dort wenigstens die deutschen Geschütze!
MARIANNE Das glaub ich nicht!

GINETTE Was glauben Sie nicht?

MARIANNE Stünde dort eine deutsche Armee, so müßte hier eine französische stehn! Es sind französische Geschütze. Sie werfen den Feind zurück ...

GINETTE Eine französische Armee gibt es nicht mehr ...

MARIANNE Das ist nicht wahr! Ich kenne General Gergaud persönlich und General Dufresne. Sie sagen, wir haben die beste Armee der Welt ...

GINETTE *auf den Steinhaufen weisend* Was, glauben Sie, ist das? Es ist ein Tankhindernis. Ein französisches Hindernis! So ein dicker deutscher Tank hält sich den Bauch vor Lachen, ehe er darüber hinwegfährt. Da haben Sie Ihre Generäle!

MARIANNE Ich habe gewartet bis zum letzten Augenblick. Es wäre unwürdig, im letzten Augenblick aufzugeben ... Ich fürchte mich ja gar nicht ...

GINETTE Und w i e Sie sich fürchten! ... Madame! Denken Sie doch an das Telegramm aus Nîmes. Ihre Schwester ruft sie. Ihre Schwester braucht Sie.

MARIANNE Sie gehn doch statt meiner nach Nîmes, Ginette. Meine Schwester hält viel mehr von Ihrer Hilfe als von meiner ... *Zieht ein Telegramm hervor, das sie auf der Brust verwahrt* Dieses Telegramm ist wichtiger ...

GINETTE Leider ...

MARIANNE Seine Persönlichkeit ist so stark, daß sie selbst die Morsezeichen durchtränkt! *In Stjer-*

binskys Tonfall »Rühren Sie sich nicht fort von Saint Cyrill, Sie Inhalt meines Lebens! Ich komme . . .« Ich bin so neugierig . . . Er kommt. Noch in dieser Nacht.

GINETTE Der Boche kommt. Noch in dieser Nacht!

MARIANNE Tadeusz Boleslav Stjerbinsky!

GINETTE Um diesen Namen aussprechen zu können, muß man sehr verliebt sein.

MARIANNE Ist dieser Name nicht wie ein violettes Kreuz auf purpurnem Brokat?

GINETTE Hilf Gott! . . . Und Sie waren mit diesem schrecklichen Polen ganze drei Mal beisammen . . .

MARIANNE Viermal!

GINETTE Nein! Das vierte Mal wars nur ein Telephongespräch!

MARIANNE Das ist es ja! Drei kurze Abende, und er ging an die Front. Drei Träume, nicht zu Ende geträumt! Ich weiß nichts von ihm. Ich weiß nur, wenn ich jetzt nicht warte, werde ich ihn nie mehr wiedersehn. Und das könnt ich mir nicht verzeihn, bis ans Ende meiner Tage . . .

GINETTE Gut also! Er kommt! Und was dann?

MARIANNE Dann gehen wir nach Paris . . .

GINETTE *zurückweichend* Madame Marianne! Sie sind eine der vernünftigsten Frauen, die ich kenne. Sie führen sogar ein Haushaltungsbuch . . . Das kommt alles daher, daß Sie die zwei letzten Nächte nicht geschlafen haben . . . Sie leben unter einem Schleier . . .

MARIANNE Ich lebe unter einem Schleier . . .

GINETTE Muß i c h Sie an Ihre Pflichten erinnern?

Ich, eine so gewöhnliche Person! Sie sind im Ko-
mitee eines Waisenhauses. Sie sind Mitglied des
Roten Kreuzes, der Fürsorge für Kriegsblinde ...

MARIANNE Haben Sie noch so viel Zeit, um alle
diese Würden aufzuzählen? ...

GINETTE Ich weiß, wie das ist! Mich hats auch
zweimal gepackt, gottverdammt! Sie haben eben
viel zu jung geheiratet. Und nur aus der lächer-
lichen Großmut kleiner Mädchen, die zu viel
lesen. Denn Monsieur Deloupe war fein und ge-
scheit und dreimal zu alt für Sie. Gott hab ihn
selig ... Aber ist das jetzt der Augenblick ...

MARIANNE Zwischen zu früh und zu spät liegt
immer nur ein Augenblick ... Diesmal werd ich
ihn nicht versäumen.

GINETTE Sie scheinen wirklich nicht zu wissen,
was in Frankreich vorgeht ...

MARIANNE Frankreich wird ewig jung sein und
ewig geliebt. Ich nicht! *Plötzlich erschrocken* Hat
Coco seine Schokolade und Mignon ihre Milch
bekommen, die armen Tierchen?

GINETTE Die armen Tierchen rühren nichts an.
Sie sind aufrichtiger als Sie. Sie zeigen ihre
Angst ...

MARIANNE Und mein Gepäck? Ist es fertig?

GINETTE Ah! Madame, Sie kommen zur Besin-
nung! Darf ich Ihr Reisenecessaire holen, und
wir laufen zum Autobus dort ...

MARIANNE Aus einem Reisenecessaire leben die
nächste Zeit? Dann lieber aie Boches! Was können sie mir tun? Ich bin eine Französin.

GINETTE Diese Ungeheuer halten jede Französin für eine Kokotte. Ihre Professoren mit den zerhackten Gesichtern behaupten, daß wir uns alle von alten Juden aushalten lassen, mit syphilitischen Negern schlafen und keine lebende Jungen mehr zur Welt bringen . . .

MARIANNE Um so besser! Harmlose Kokotten töten nicht einmal die Boches . . .

GINETTE Wie?! Nein, das geht nicht! Ich bleibe . . .

MARIANNE Das wäre mir gar nicht angenehm, Ginette . . . Ich habe einen Auftrag für Sie . . . *Übergibt ihr einen Lederbeutel* Bringen Sie meinen Schmuck in Sicherheit nach Nîmes. Und umarmen Sie die Schwester . . .

GINETTE In Sicherheit? . . . Also doch ein Funke von Vernunft unterm Schleier . . .

MARIANNE Mehrere Funken, Ginette! . . . Warten Sie in Nîmes auf meine erste Nachricht . . .

GINETTE Mein Gott! Was soll ich tun?

MARIANNE Gehn! Es ist höchste Zeit! *Umarmt sie.*

GINETTE Ich werde umkommen vor Angst um Sie!

MARIANNE *in der Gartenpforte* Da liegt noch ein roter Lampion vom letzten Sommerfest . . . Ich werde ihn anzünden, damit Tadeusz Boleslav sieht, wo er erwartet ist . . .

GINETTE *nimmt ihr den Lampion aus der Hand* Sind Sie ganz von Gott verlassen?

MARIANNE Warum nicht?

GINETTE Die deutschen Flieger . . . Und wollen Sie es diesem schrecklichen Menschen gar so leicht

machen? . . . Ein r o t e s Licht?! . . . Wenn es wenigstens blau wäre! . . .

Autobus-Signal in der Ferne.

MARIANNE Der Autobus! Fort, Ginette! . . .

GINETTE *hin- und hergerissen* Wie ist Ihnen zu-
mute, Madame, mein geliebter Engel?

MARIANNE Ein wenig müde . . . Aber neugierig,
so neugierig . . .

*Geht mit einem kleinen erstaunten Lachen ins
Haus.*

GINETTE *zögernd Was soll ich tun? . . . Neues Signal. Stürzt ab nach der Seite des Signals.*

*Der Tag ist zu Ende. Das Mondlicht wächst. Der
Donner und das Röhren in der Ferne werden
lauter. — Die Szene bleibt lange Zeit leer. Dann
wird nach und nach das unwillige Pochen und
Taktieren eines erschöpften Automotors vernehmbar. Man kann das fauchende Näherkom-
men verfolgen, und endlich taucht Jacobowskys
Limousine auf, kotbespritzt, klappernd, ruckweise. — Oberst Stjerbinsky, das blaue Reiter-
auge starr vorwärtsgerichtet, streift den Steinhaufen des Tankhindernisses, wodurch der rechte
Kotflügel beschädigt wird. Der Wagen, in seinem
Lebensrecht erschüttert, bleibt mit einem harten
Sprung stehen, die Türen fliegen auf, und Jacobowsky kollert heraus.*

OBERST STJERBINSKY *befriedigt* Da sind wir. Irgendwo hier muß es sein . . .

JACOBOWSKY *rappelt sich zusammen, höhnisch*
Da sind wir! Irgendwo hier! Wo sind wir?

SZABUNIEWICZ *beschwichtigend* Ein kleiner Umweg halt, der Herr, weiter nichts . . .

JACOBOWSKY Ein kleiner Umweg halt von achtundvierzig Stunden. In diesen achtundvierzig Stunden waren wir siebenmal in Gefahr, die Marschkolonnen der Deutschen zu kreuzen. Es war wie ein Wettrennen. Und jetzt haben uns die Boches wieder überrundet . . .

OBERST STJERBINSKY Sie sind ein ganz guter Beobachter, Herr . . .

JACOBOWSKY In diesen achtundvierzig verschwendeten Stunden haben Sie meinen Wagen zuschanden gefahren, Colonel, einen guten Wagen des Hauses Rothschild. Zwei Zusammenstöße! Ein Pneudefekt! Unzählige Reibereien mit den Flüchtlingen auf der Straße! Einmal lagen wir im Graben. Und die französische Gendarmerie schoß uns nach, weil Sie auf Anruf nicht hielten . . .

OBERST STJERBINSKY Ich habe Ihnen nicht verschwiegen, Jacobowsky, daß ich Herrenreiter bin und kein Chauffeur . . .

JACOBOWSKY Was heißt Chauffeur? Sie sind professioneller Rennfahrer, Colonel! Sie nehmen Kurven mit hundert Kilometer Geschwindigkeit. Sie werfen Meilensteine um. Sie töten Hunde und Hühner zu Dutzenden. Und Sie sausen im Kreis, so daß man immer in dasselbe Dorf einfährt . . .

OBERST STJERBINSKY Siehst du irgendwo ein beleuchtetes Haus, Szabuniewicz?

JACOBOWSKY Wir könnten trotz aller verstopften Straßen längst in Bordeaux sein, in Bayonne, in einem guten Port, wo uns Rettung winkt. Wo aber sind wir? Vor den Mündungen der deutschen Batterien und unter den deutschen Flugzeugen. Das heißt Gott herausfordern!

SZABUNIEWICZ Ich sah kein beleuchtetes Haus, nirgends . . .

JACOBOWSKY Unersetzliche Essence haben wir verschwendet, wahrhaftiges Lebensblut heute! Dreimal ist es meiner Energie, meiner Überredungskunst gelungen, Essence aus der Erde zu stampfen, sonst wären wir liegen geblieben und gefangen worden . . .

SZABUNIEWICZ Es muß dem Herrn wieder gelingen! Es liegt ja dem Herrn im Blut. Wir haben keine zehn Kilometer mehr im Wagen . . .

JACOBOWSKY Bin ich ein Gasolintank oder ein Mensch in Todesgefahr?

OBERST STJERBINSKY Wer zweifelt, daß der Oberst Tadeusz Boleslav Stjerbinsky ist in größerer Todesgefahr als der Herr Jacobowsky . . . Auf meinen Kopf haben die Deutschen einen Preis gesetzt . . .

JACOBOWSKY Das hätten Sie mir sagen sollen, ehe wir in Compagnie gingen . . .

OBERST STJERBINSKY Ich schäme mich . . . Fünftausend Mark ist kein Preis . . .

SZABUNIEWICZ Es sind Dreckfresser, diese Boches . . .

OBERST STJERBINSKY Ich habe eine Mission zu erfüllen. Sie nicht!

JACOBOWSKY Um so unfaßbarer, daß Sie diese Mission wegen einer Dame aufs Spiel setzen, Sie, ein Oberst, ein Pole, ein Patriot! Es ist keine Zeit jetzt für Damen.

OBERST STJERBINSKY Es ist immer Zeit für Damen! Das männliche Leben ist kurz.

JACOBOWSKY Die Vernunft sträubt sich . . .

OBERST STJERBINSKY Die Vernunft sträubt sich stets gegen das Leben. Was ist die Vernunft? Ein kleiner alter Bürokrat mit einem grünen Augenschirm . . .

JACOBOWSKY Die Stunde ist zu ernst für solche Aperçus.

OBERST STJERBINSKY Ich hab als Edelmann einer Dame gegeben mein Wort! Dieses Wort ist ebenso verpflichtend auf Tod und Leben wie eine politische Mission! Ein Jacobowsky wird das nie verstehn! Ich habe zwei Missionen zu verbinden und werde beide erfüllen.

JACOBOWSKY In welchem Jahrhundert leben Sie, Colonel? Sie haben keine Ahnung von den Nazis, und Sie hassen sie nicht einmal . . .

OBERST STJERBINSKY Ich bin Soldat. Ich hab gegen die Nazis an der Weichsel gekämpft, am Pruth, vor Warschau, an der Somme . . .

SZABUNIEWICZ *dicht an Jacobowsky herantretend* Der Herr weiß noch immer nicht, wer Oberst Stjerbinsky ist, der Herr! Der Oberst hat geritten die berühmten Attacken von Grodno und Goleczyno mit nacktem Säbel gegen Tanks. Der Oberst ist ausgebrochen aus dem Gefangenenlager in Königsberg und mitten durch Deutschland nach Frankreich gegangen. Den Oberst werden die polnischen Kinder in Schulbüchern lernen später ...

OBERST STJERBINSKY *abwinkend* Laß das, Szabuniewicz! ... Ich hab mich geschlagen, wie andre auch. Gut! Und was tun S i e gegen Hitler, Herr Jacobowsky, als davonlaufen, davonlaufen, davonlaufen?

JACOBOWSKY Hitler? Ich bitte um Verzeihung. Wer ist Hitler? Den gibt es gar nicht. Hitler ist nur ein anderer Name für die Schlechtigkeit der Welt!

OBERST STJERBINSKY Haha! Und wer ausgenommen ist von dieser Schlechtigkeit, das ist einzig und allein unser Herr Jacobowsky ...

JACOBOWSKY Nein, Colonel! Ich bin um nichts besser. E i n e n Vorzug aber hab ich voraus vor Ihnen. Ich kann niemals Hitler sein, nicht bis zum Jüngsten Tage. Sie aber hätten ganz gut Hitler sein können, und Sie können es noch immer werden. Jederzeit!

OBERST STJERBINSKY Es macht mich seekrank, Szabuniewicz ...

JACOBOWSKY Sehn Sie, der einzige Vorsprung, den der Verfolgte auf der Welt hat, besteht darin, daß er nicht der Verfolger ist ...

OBERST STJERBINSKY Und das ist kein Aperçu? Das ist sogar ein Dreh, ein mosaischer ...

JACOBOWSKY *mit steigender Leidenschaftlichkeit und Energie die Rede bauend* Ich will Ihnen gleich beweisen, daß es kein Dreh ist, sondern die pure Wahrheit. Sie sind Pole und auch ich bin Pole, wiewohl ihr mich als dreijähriges Kind aus meiner Heimat vertrieben habt ... Und als dann in Deutschland im Jahre dreiunddreißig diese Pest und dieses Leid über mich kam, da habt ihr Polen euch die Hände gerieben und gesagt: »Recht geschieht dem Jacobowsky!« Und als später dann in Österreich diese Pest und dieses Leid über mich kam, da habt ihr die Achseln gezuckt und gesagt: »Was gehts uns an?« Und nicht nur ihr habt gesagt, »Was gehts uns an?«, sondern alle andern habens auch gesagt. Engländer und Amerikaner und Franzosen und Russen! Und als dann in Prag diese Pest und dieses Leid ausbrach, da habt ihr noch immer geglaubt, es gehe euch nichts an und habt sogar die Gelegenheit benutzt, dem armen Tschechen in den Rücken zu fallen. Als es aber über euch selbst kam, dieses Leid und diese Pest, da waret ihr sehr unschuldig erstaunt und gar nicht vorbereitet und in siebzehn Tagen erledigt. Ist das nicht die Wahrheit?

OBERST STJERBINSKY *völlig unberührt* Such Nummer 333, Szabuniewicz ...

SZABUNIEWICZ *späht umher* Man sieht keine Nummern ...

JACOBOWSKY *läßt sich nicht unterbrechen* Hättet ihr aber, ihr und alle andern, am Anfang nicht gesagt: »Recht geschieht dem Jacobowsky!« oder bestenfalls: »Was gehts uns an?«, sondern: »Der Jacobowsky ist ein Mensch, und wir können nicht dulden, daß ein Mensch so behandelt wird«, dann wäret ihr alle ein paar Jahre später nicht so elend, läppisch und schmählich zugrunde gegangen, und binnen sechs Wochen wäre die Pest ausgerottet worden und Hitler wäre geblieben was er ist, ein Stammtischnarr in einem stinkigen Münchner Bierhaus. Somit seid ihr selbst, ihr allein und alle andern, die Größe Hitlers, seine Genialität, sein Blitzkrieg, sein Sieg und seine Weltherrschaft . . .

SZABUNIEWICZ *ungeduldig vor Mariannes Haustür dem Obersten Zeichen gebend* Gefunden! Nummer 333! Stjerbinskys Glück! Wir sind gerade vor dem Haus stehn geblieben!

OBERST STJERBINSKY Villa Deloupe?

SZABUNIEWICZ Villa Deloupe! Alles dunkel! Alles versperrt! Niemand da!

OBERST STJERBINSKY *mit ruhiger Festigkeit* Sie ist da!

SZABUNIEWICZ So sehen Sie doch selbst! Ein ausgestorbenes Haus! Die Dame konnte nicht länger warten. Eine prächtige Force majeure . . .

OBERST STJERBINSKY Sie wartet. Sie schläft.

JACOBOWSKY Sie haben eine Selbstsicherheit, Colonel, um die Sie ein Panther beneiden könnte!

SZABUNIEWICZ Bitte, bitte, mein Vater und Wohltäter, schnell einsteigen, nach Pontivy, dort stampft Herr Jacobowsky Essence aus der Erde, und dann auf die Hauptstraße! Wir können morgen in Bordeaux sein. Sie werden das letzte Schiff erreichen . . .

JACOBOWSKY Wenn Sie schon nicht auf die Stimme der Vernunft hören, so achten Sie wenigstens diese Stimme des untergeordneten Menschenverstandes!

OBERST STJERBINSKY Marianne wartet!

SZABUNIEWICZ Soll ich gehn und klopfen?

OBERST STJERBINSKY Du sollst nicht gehn und klopfen!

SZABUNIEWICZ Dann geben Sie selbst ein Signal!

OBERST STJERBINSKY Mit der Hupe eine Frau wekken?! Abscheulich! Pack die Geige aus, Szabuniewicz! Madame hat es gern . . .

Szabuniewicz nimmt die Geige aus dem Futteral.

JACOBOWSKY *erstarrt* Himmel! Die Zeit vergeht! Und was geschieht jetzt? Ein Konzert vielleicht . . .

OBERST STJERBINSKY *nimmt die Geige entgegen und betrachtet sie liebevoll* Sie war mit mir an allen Fronten . . .

JACOBOWSKY Wahrscheinlich um die deutsche Infanterie zu erschrecken, im Nervenkrieg . . .

SZABUNIEWICZ Wir Polen sind alle Virtuosen. Ich zum Beispiel auf der Mundharmonika.

JACOBOWSKY Mundharmonika! Auch das noch!

SZABUNIEWICZ *sein Instrument prüfend* Der Herr ist nicht musikalisch, der Herr?!

JACOBOWSKY Nicht musikalisch?! Kleinigkeit! Ich war Ehrenschatzmeister von zwei Symphonieorchestern! *Oberst Stjerbinsky beginnt auf der Geige, ohne Vibrato, ein lustiges populäres Tanzstück zu stammeln. Szabuniewicz begleitet ihn auf der Mundharmonika mit quäkenden Tönen.*

Jacobowsky spricht zu dieser Musik, indem er
die Fäuste gegen seine Schläfen drückt Wie wird
mir? Ist das Wirklichkeit? Ist das Vision? Die
deutschen Geschütze brummen. Frankreich ver-
reckt. Frankreichs Rosen duften, als gehe sie das
Ganze nichts an. Der Tod aus Polen fiedelt im
Mondlicht. Und des Todes Schammes spielt
Mundharmonika.

Marianne erscheint auf dem kleinen Balkon des
Hauses, sich vortastend wie eine Somnambule.
Das Mondlicht ist nun ganz scharf. Oberst Stjer-
binsky bricht mitten ab in seinem wilden und
stümpernden Gefiedel, läßt langsam die Geige
sinken und nähert sich, als wolle er damit seine
zarte Verehrung andeuten, auf Zehenspitzen
durch das Gärtchen der Geliebten auf dem Bal-
kon. Das Artilleriefeuer hinter den Horizonten
wird drohender, mit deutlichen Abschüssen und
Explosionen. – Marianne kann Szabuniewicz
und Jacobowsky nicht sehn.

OBERST STJERBINSKY *mit sehr veränderter, beben-*
der Baßstimme Marianne . . .

MARIANNE Ich war ja so allein . . .

OBERST STJERBINSKY *mit immer zärtlicherer Vibra-*
tion Haben Sie den Glauben an mich verloren,
Marianne? Ich komme spät. Aber komme ich zu
spät?

MARIANNE *scheint noch immer verwirrt* Sie kommen genau um fünfzehn Minuten zu spät, Tadeusz Boleslav . . . Ich habe vorhin auf die Uhr
gesehn . . .

OBERST STJERBINSKY *mit weicher Nachsicht* Ich kenne das, mein süßes Herz. Jedes neue Wiedersehn ist eine schwierige Aufgabe für Liebende ...

MARIANNE Die Boches waren vorhin da, Tadeusz Boleslav. Jeder von ihnen halb in Uniform und halb in Tierfellen. Sie haben mich auf die Küchen-porch geführt und erschossen ...

OBERST STJERBINSKY Das war nur ein kleiner Angsttraum, mein süßes Herz, als Sie ruhten. Jetzt sind Sie aber von meiner Geige erwacht und sehn: Nicht die Boches sind gekommen sondern Er, Tadeusz Boleslav ...

MARIANNE *plötzlich mit kühler Stimme* Ich bin schon früher erwacht, mein Freund. Wissen Sie, wie lang ich auf Sie warte! Wissen Sie, daß ich Ginette fortgeschickt habe. Wissen Sie, daß alle Nachbarn geflohn sind und ich mutterseelenallein war mit meiner Angst. Und jetzt erklären Sie mir, wie kann eine Frau so idiotisch sein ...

OBERST STJERBINSKY *mit heller Stimme, als wolle er ein Wunder in einer Kamera festhalten* Bitte gehorsamst, sich nicht zu rühren, Marianne! Bleiben Sie so! Es ist der herrlichste Anblick meines Lebens. Ich komme durch die versperrte Tür ... *Er stemmt sich fest gegen die Haustür, die jedoch leicht aufgeht, wodurch er ein wenig stolpernd ins Haus tritt.*

MARIANNE *lächelt bewegungslos* Meine Tür war nicht versperrt, Tadeusz Boleslav ...

JACOBOWSKY *der alles das mit wachsendem Erstaunen beobachtet, monologisiert* Ich war immer ein

Theaternarr. Ich liebe diese Balkonszenen: Don Giovanni, Romeo und Julia, Cyrano de Bergerac. Freilich, die große Schlachtszene dahinten ist zu nahe der Balkonszene hier! Ein Regiefehler . . .

OBERST STJERBINSKY *erscheint auf dem Balkon* Marianne . . . *Er will sie an sich reißen.*

MARIANNE *beugt sich zurück* Nicht so, mein Freund! Zeigen Sie mir zuerst Ihre Augen. Ihre Augen sind dieselben. Erbarmungslos und vergeßlich wie das Meer. Sie waren mir untreu! . . . Ah, Sie haben einen Verband ums Gelenk. Sie sind verwundet. Sie haben für Frankreich gekämpft! Ich liebe Sie. Ich hätte gewartet auf Sie bis zum Tod . . .

OBERST STJERBINSKY Marianne! Ich gehöre Ihretwegen vors Kriegsgericht. Meine Pflicht wäre es gewesen, auf dem kürzesten Wege Bordeaux zu erreichen . . .

MARIANNE Vors Kriegsgericht? Ist das wahr? Und für mich haben Sie Ihre Pflicht vergessen, die Politik, und sogar Polen?

OBERST STJERBINSKY Sogar Polen!

MARIANNE Wie elend sehen Sie aus, mein unbekannter Geliebter! Sie brauchen Cognac! Ein Wasserglas! Ich weiß nichts von Ihnen, nichts, das aber hab ich mir gemerkt . . . *Zieht ihn ins Haus*

JACOBOWSKY *sitzt neben Szabuniewicz auf dem Tankhindernis* Die Zeit vergeht . . . Die Zeit vergeht . . . Schon kommt der erste Feldgraue des Wegs . . .

SZABUNIEWICZ Man muß daran denken, der Herr, wie der Oberst beim Handicaprennen der Siebzehner Ulanen vor dem großen Hindernis vom Pferd flog. Drei Purzelbäume in der Luft, so, so, so. Er war schon eher mausetot, da sagte er beim Aufwachen zu mir: »Weine nicht, Szabuniewicz! Deinem Stjerbinsky passiert nichts. Denn er ist ein Herr des Lebens . . .«

JACOBOWSKY *skeptisch* Was ist das, ein Herr des Lebens?

SZABUNIEWICZ Einer, der weiter lebt, wenn er sich den Hals gebrochen hat . . .

JACOBOWSKY Das ist ein Glückspilz, aber kein Herr des Lebens . . .

SZABUNIEWICZ *die niedrige Stirn in Falten legend* Also, ein Herr des Lebens ist einer, der selbst dann zurecht kommt, wenn er zu spät kommt . . .

JACOBOWSKY Ein gutes Prinzip für ein Spielkasino, nicht aber für den militärischen Geheimdienst!

SZABUNIEWICZ Pflegen der Herr sich nicht zu verlieben?

JACOBOWSKY Nicht verlieben? Dreimal täglich!

SZABUNIEWICZ Und wo wartet die letzte gnädige Dame?

JACOBOWSKY Ja, wo mag sie warten . . .

OBERST STJERBINSKY *Hand in Hand mit Marianne aus dem Haus tretend* Szabuniewicz!

SZABUNIEWICZ Hier!

MARIANNE *erschreckend* Was? Wir sind nicht allein?

OBERST STJERBINSKY Das ist Szabuniewicz! Er lebt schon dreihundert Jahre in meiner Familie . . .

MARIANNE Wie?

OBERST STJERBINSKY Sein Großvater, Urgroßvater,
Ururgroßvater hat gehört zu den ›Seelen‹, die wir
Stjerbinskys besaßen in alter russischer Zeit.
Jetzt aber sind wir ärmer als Bettler und können
nicht mehr sorgen für unsre Szabuniewicze. So
ist er Masseur geworden und Irrenwärter in
Frankreich, anstatt mein Schloßkastellan zu sein
mit Goldkette und Reiherfeder in Polen . . .

MARIANNE *kann ihre Enttäuschung kaum beherr-
schen* Und ich dachte, wir werden allein . . .

OBERST STJERBINSKY *der fühlt, daß Marianne den
Tränen nahe ist* Marianne! Ich schenke Ihnen
Szabuniewicz. Er wird sterben, wenn Sie befeh-
len. Er wird leben, wenn Sie erlauben.

MARIANNE *weiß nicht, ob sie weinen soll oder
lachen* Oh, danke! Ich glaube, dieses Geschenk
ist zu groß . . . Und der andre Herr . . . Gehört er
auch zu den Stjerbinskys?

JACOBOWSKY Im Gegenteil, Madame. Ich habe mich
von den Stjerbinskys immer zu distanzieren verstanden, und länger als lumpige dreihundert
Jahre! Der Oberst ist mein Gast.

OBERST STJERBINSKY Das ist nur Jacobowsky, Marianne. Ein ziemlich gefälliger Mensch. Er besorgt
alles, Autos, Hotelzimmer, Marrons glacés, und
Essence, Essence vor allem . . .

MARIANNE *zeigt irritiert auf das Auto* Und das hier?

JACOBOWSKY *immer mehr geblendet von Mariannes Anblick* Ich bin der glückliche Eigentümer!
Dieses Automobil ist die Gutartigkeit in Person,

denn es fährt selbst dann, wenn der Oberst am
Steuer sitzt . . .

MARIANNE Nicht wahr, Tadeusz Boleslav, jetzt
gehn wir schnell nach Paris . . .

OBERST STJERBINSKY Aber Marianne! Paris ist in
den Händen der Boches . . .

MARIANNE *erstarrend* Und ich hab mich gewehrt,
es für möglich zu halten . . .

SZABUNIEWICZ Seit gestern . . .

MARIANNE Alles was ich habe, ist in Paris. Meine
Wohnung, meine Bücher, meine Pelze . . .

OBERST STJERBINSKY Machen Sie einen Strich drun-
ter. Vergessen Sie's!

JACOBOWSKY Der Oberst ist ein Pessimist für andre. Sie sind Französin. Sie werden alles wieder-
finden, Madame!

MARIANNE Danke, Monsieur! . . . Ich habe schon
vergessen . . . Lassen Sie uns in ein kleines, stilles Nest gehn, Tadeusz Boleslav . . .

OBERST STJERBINSKY Ein kleines stilles Nest gibts
nicht mehr in Frankreich. Wo waren Sie denn in
den letzten Tagen, Marianne?

MARIANNE Ich habe gewartet und geträumt . . .

JACOBOWSKY *mit Bewunderung* Warten und träu-
men im Weltuntergang . . . Das ist groß . . .

OBERST STJERBINSKY *sie umfassend* Wir gehen nach
Bordeaux, Marianne, und finden ein Schiff nach
London . . .

MARIANNE Halten Sie mich fest! Mir wird schwind-
lig. Ich habe noch nie Frankreich verlassen. Ich
bin . . .

OBERST STJERBINSKY Sie sind mit mir . . .

JACOBOWSKY Am besten, man denkt nur an die nächsten Stunden!

OBERST STJERBINSKY Darum müssen Sie Essence herschaffen, Jacobowsky, und schnell!

JACOBOWSKY Muß ich? Vielleicht würde ich gar nicht wollen, obwohl ich doch wirklich muß . . . Jetzt aber, da ich die Ehre habe, Madame in meinem Wagen zu beherbergen, werde ich Essence vom Himmel herunterleiten! Ich schwörs!

Lautes Näherdröhnen eines Flugzeugs.

MARIANNE *leise aufschreiend* Vom Himmel, mein Gott, vom Himmel . . . *Zu Stjerbinsky* Sehn Sie nicht, daß ich an allen Gliedern zittre . . . Bringen Sie mich fort von hier!

JACOBOWSKY *stark, fast fröhlich* Steigen Sie ein, Madame! Uns begleitet zwar der Tod. Ich aber bin Optimist, und jetzt mehr als je!

Marianne streicht sich über die Stirn. Dann ist sie verwandelt und voll Energie.

MARIANNE Nein, nein, so geht das nicht! Wir müssen zuerst das Gepäck holen und Coco und Mignon, die Ärmsten, und das Gas abstellen und die Wasserleitung und alle Schränke zuschließen und das Haus versperren! Und ich muß mich umkleiden! . . . Schnell! Helfen Sie! *Rasch ab ins Haus.*

OBERST STJERBINSKY Szabuniewicz, helfen!

JACOBOWSKY Sollte ich nicht auch . . .?

OBERST STJERBINSKY Sie nicht! Sie bleiben draußen und verschaffen Essence. *Er und Szabuniewicz eilen ins Haus.*

JACOBOWSKY *allein* Verschaffen Essence... Vielleicht vom ersten Nazi, der daher kommt. *Er lehnt sich an die Gartenmauer, entfaltet aufseufzend die Automobilkarte und beginnt sie im Schein einer Taschenlampe zu entziffern.* Pontivy, das sind noch mindestens fünf Kilometer Westsüdwest...

Der Brigadier der Gendarmerie, in feldgrauer Uniform, mit roter Kappe, Karabiner, Diensttasche, kommt auf seinem Fahrrad, von Jacobowsky unbemerkt. Als er diesen gewahrt, hält er, steigt ab, und tritt ganz nahe auf ihn zu, ohne ein Geräusch zu machen.

BRIGADIER Hein, Sie da!!

Jacobowsky wird totenbleich, läßt die Karte sinken. Er muß sich mit den Händen an der Mauer festhalten. Ziemlich lange Pause.

JACOBOWSKY Gott der Gerechte!

BRIGADIER Bon soir! Was haben Sie, Monsieur?

JACOBOWSKY Ich sende ein Dankgebet zu Gott, weil ich soeben langsam erkenne, daß Sie kein deutscher Feldgendarm sind, sondern nur ein französischer...

BRIGADIER Stornieren Sie Ihr Dankgebet, Monsieur! Begegnungen mit der Gendarmerie sind auch in Frankreich keine Lustbarkeit... Ausweis, bitte!

JACOBOWSKY *überreicht seine Carte d'Identité, ein grünes Register, das so vielfach angestückelt und zusammengefaltet ist, daß es bis zur Erde herabhängt* Carte d'Identité!! Sie beweist Ihnen, daß

man trotz aller Anstrengung dagegen stets mit
sich selbst identisch bleibt, was nicht ungefähr-
lich ist heute.

BRIGADIER Carte d'Identité! Sie beweist mir, daß
Sie beständig Ihren Aufenthaltsort wechseln...

JACOBOWSKY Carte d'Identité!! Sie beweist Ihnen,
daß ich ein nervöser Mensch bin, der sich unsag-
bar nach Ruhe sehnt und sie nicht finden kann.

BRIGADIER Ausländer natürlich!

JACOBOWSKY Gar so natürlich ist es nicht, keines
Landes Inländer und aller Länder Ausländer zu
sein ... Paß gefällig?

BRIGADIER Danke! Ich repräsentiere die innere
Verwaltung Frankreichs, nicht die äußere. Ihr
Sauf-conduit, bitte?

JACOBOWSKY *stellt sich unwissend* Was ist das,
gütiger Gott?

BRIGADIER Als Ausländer haben Sie ohne Beschei-
nigung der Behörde nicht das Recht, frei zu fluk-
tuieren ...

JACOBOWSKY Ich fluktuiere nicht frei, sondern ge-
zwungenermaßen. Im übrigen fluktuiert ganz
Frankreich ...

BRIGADIER *das bürokratische Lied mit atemberau-
bend eintöniger Geschwindigkeit herunterlei-
ernd, verleiht den sprachlichen Mißbildungen
des Amtsstils Nachdruck* Ihr Grundaufenthalts-
ort ist Paris. Sie haben bei dem Commissariat de
Police Ihres Arrondissements eine Eingabe auf
Papier timbré abzuliefern, in der Sie um die Ver-
günstigung ansuchen, das Département vertau-

schen zu dürfen. Das Commissariat de Police leitet Ihr Gesuch an die Préfecture weiter, welche es nach reiflicher Prüfung und Nachforschung an das Bureau Central Militaire de Circulation zur Amtshandlung herabgelangen läßt. Das Bureau Central Militaire de Circulation entscheidet dann nach Maßgabe der herrschenden Transport- und Verkehrsverhältnisse, ob Sie sich hierher begeben dürfen, wohin Sie sich begeben haben . . .

JACOBOWSKY Sagen Sie, Herr Sergeant, ist es Ihnen im Drange der Geschäfte etwa entgangen, daß sich Paris in den Händen der Deutschen befindet . . . ?

BRIGADIER Das ist nichts als eine nackte Tatsache! Sie hebt die gesetzlichen Regulationen nicht auf. Sie haben sich demnach schleunigst nach Paris zu begeben, Monsieur, um den amtlich vorgeschriebenen Weg zu beschreiten. Andernfalls befinden Sie sich hier widerrechtlich, illegal, schwarz, auf dieser Landstraße. Sie stehen hier nur de facto vor mir, und nicht de jure. Sehr schlimm!

JACOBOWSKY Was werden wir da machen?

BRIGADIER Solange ich im Dienst bin, werde ich darauf dringen müssen, daß Ihre ausländische Person aus dem illegalen in den legalen Zustand überführt wird, und zwar zwangsweise . . .

JACOBOWSKY Heißt das Verhaftung und Abschiebung nach Paris?

BRIGADIER Gemäß der Instruktion über fluktuierende Ausländer . . .

JACOBOWSKY Wissen Sie, was die Boches mit mir anfangen werden, wenn sie mich erwischen?

BRIGADIER Sie werden Sie nicht fressen.

JACOBOWSKY Sie werden mich fressen, Herr, speziell mich! Ich bin ihre Leibspeise. *Ruhiger* Alle Achtung vor Ihrem Pflichteifer! Aber zwischen uns hier und den Deutschen dort liegt vielleicht nur mehr ein Hügelzug und ein Flußlauf . . .

BRIGADIER Nehme ich dienstlich nicht zur Kenntnis . . .

JACOBOWSKY Und außerdienstlich?

BRIGADIER Außerdienstlich bin ich nichts als Franzose.

JACOBOWSKY Und was tut ein Franzose heute?

BRIGADIER Am besten, schlafen!

JACOBOWSKY Der Schlaf ist einer der glänzendsten Einfälle unseres Schöpfers! . . . Wie wäre es, wenn Sie gleich . . .

BRIGADIER Sie vergessen, Monsieur, ich bin im Dienst!

JACOBOWSKY Wäre es nicht zweckmäßiger, Sie würden mir einen guten Rat erteilen, anstatt mich zu verhaften? Ich fühle den unüberwindlichen Wunsch in mir, den Boden Frankreichs zu verlassen. Wie fange ich das an?

BRIGADIER *wieder monoton über Stock und Stein* Nichts einfacher, lieber Herr! Zum Verlassen Frankreichs benötigen Sie ein Visa de Sortie. Zu diesem Zwecke müssen Sie bei der nächsten Sous-Préfecture, in Pontivy, um ein solches Visa de Sortie nachsuchen, nach Ausfüllung von drei

Fragebogen mit je einer Photographie, Profil,
rechtes Ohr sichtbar, nebst Einzahlung von sie-
benundzwanzig Francs fünfundsiebzig Centimes.
Die Sous-Préfecture setzt sich mit der Préfecture
Ihres Grundaufenthaltsortes, Paris, in Verbindung und errichtet durch eingehende Korre-
spondenz ein Dossier über Ihren Fall, das nach
einigen Wochen dem Ministerium des Innern zur
weiteren Behandlung vorgelegt wird. Das Ministerium des Innern beauftragt eine eigene
Kommission damit, zu untersuchen, ob Sie würdig waren, Frankreich zu betreten und ob Sie
würdig sind, es zu verlassen. Das braucht seine
Zeit, wickelt sich aber ab wie geölt. Ihr Problem
jedoch hat einen Knoten. Sie müssen vorher nach
Paris zurückkehren und Ihr Sauf-conduit ab-
warten, das Ihnen erlaubt, hierher zu reisen.
Denn Sie können ja nicht vor einer Sous-Préfecture erscheinen, ohne ›en règle‹ zu sein. Wer
nicht ›en règle‹ ist, wäre besser nicht geboren!
Klar?

JACOBOWSKY Sonnenklar!

BRIGADIER Sie fassen sehr leicht auf, Monsieur...

JACOBOWSKY Ich war leider ein früh gewecktes
Kind... Und wie sind meine Aussichten, wenn
ich alle Forderungen erfülle?

BRIGADIER Ihre Aussichten sind gleich Null! Denn
welches Wohlwollen dürfen Sie von einem Staat
erwarten, dem Sie so viel Schreibereien verur-
sachen?... Am besten, Sie kommen gleich mit!

JACOBOWSKY Einfach so wie ich bin?

BRIGADIER Einfach so wie Sie sind. Wir legen auf
äußeren Glanz keinen Wert ... Ein politischer
Gefangener hat übrigens das Recht, so viel Gepäck mit sich zu führen, als er mit seinen zarten
Händchen tragen kann ...

JACOBOWSKY *der trotz seiner Blässe Haltung bewahrt, holt aus dem Wagen sein Suitcase, wobei
er murmelt* Wie gut, daß ich die Teppiche schon
früher eingebüßt habe ... *Dann zum Brigadier*
Sollte ich nicht meine Gesellschaft da drinnen von
der Änderung der Lage benachrichtigen?

BRIGADIER Wozu wollen Sie Ihrer Gesellschaft das
Herz brechen?

JACOBOWSKY Das ist wahr! Wozu soll ich dem
Oberst das Herz brechen?

BRIGADIER Gehn wir, Monsieur! Ich werde langsam neben Ihnen einherfahren, damit Sie nicht
außer Atem kommen ...

JACOBOWSKY Dank für Ihr medizinisches Ver-
ständnis, Brigadier! Ich komme leicht außer
Atem. Mein Herz ist etwas verbraucht ... *Beide
beginnen zu gehn, Jacobowsky mit schwanken-
dem Schritt. Plötzlich bleibt er stehn* Ich möchte
nur noch einen Zettel schreiben, um Madame
meine Limousine zu schenken ... Ein kleines
Cadeau ...

BRIGADIER Man verschenkt nicht seine Verluste!
Und außerdem müssen Besitzübertragungen no-
tariell beglaubigt werden. Die Notare aber halten gesperrt zu dieser Stunde. *Von Saint Cyrills
fernem Dorfkirchturm schlägt es langsam neun*

Haben Sie die Glockenschläge gezählt, Monsieur?

JACOBOWSKY Wozu? Meine Zeit ist vorüber!

BRIGADIER *erforscht seine Armbanduhr intensiv* Neun! Wie?

JACOBOWSKY *läßt mechanisch seine dicke, altmodische Uhr aufspringen* Auf jeden Fall zu spät ... Auf der Uhr meines Vaters ...

BRIGADIER Neun!! Merde alors. Ich bin außer Dienst! Also dieser Krüppel ist Ihr Wagen?

JACOBOWSKY Sehe ich ihm nicht schon ähnlich?

BRIGADIER Und Sie wollen nach Bordeaux. Bayonne, Biarritz, Hendaye? Die Boches rücken an der Küste vor. Vermeiden Sie daher die Küstenstraße ... Sie kommen nicht weiter!

JACOBOWSKY Langsam, Brigadier! Nehmen Sie auf meinen Blutdruck Rücksicht.

BRIGADIER Und Sie haben keine Essence? Natürlich haben Sie keine Essence! Nehmen Sie dieses gestempelte Papier da! Der diensthabende Kollege unten in Saint Cyrill wird Ihnen auf diesen Zettel hin dreißig Liter Essence ausfolgen, zum normalen Preis ...

JACOBOWSKY Einen Augenblick ... Ich muß mich erholen zuerst ... Das kommt wirklich vom Himmel ... Vom Himmel ... *Er greift verlegen nach seiner Brieftasche* Wie kann ich ...?

BRIGADIER Sie können nicht! Ich bin ›nur‹ ein französischer Gendarm ...

JACOBOWSKY Noch eins! Warum waren Sie gut zu mir?

BRIGADIER Weil Sie meine Bosheit nicht gereizt haben! Ihr Verdienst!

JACOBOWSKY Wie soll ich danken?

BRIGADIER Sie sollen! Grüßen Sie England und Amerika vom Brigadier Jouvet... *Besteigt schnell sein Rad und verschwindet pfeifend.*

Jacobowsky sieht ihm versonnen nach, schüttelt lange den Kopf und stellt schließlich sein Suitcase auf die Erde. Er verbleibt regungslos. Marianne, Oberst Stjerbinsky, Szabuniewicz kommen aus dem Haus. Szabuniewicz bricht beinahe unter der Last des Gepäcks zusammen, das er auf dem Rücken, unterm Arm und in den Händen heranschleppt. Oberst Stjerbinsky balanciert zwei federleichte Hutschachteln mit sichtlichen Widerständen, denn es schickt sich ja nicht für einen Offizier, Lasten zu tragen. Marianne hält im rechten Arm das träge Pekineserhündchen Coco und in der linken Hand den mit rosa Schleifen geschmückten Korb des Kätzchens Mignon.

MARIANNE Wie langsam Sie sind, Messieurs! Wir haben so viel Zeit verloren im Haus und bestimmt die Hälfte vergessen. Wären wir nur schon dreißig Kilometer weiter! Aber wie?! Armer Coco! Arme Mimi! Warum habe ich euch d a s angetan? – Nun werdet ihr mit drei wildfremden Männern leben müssen! ... Ah, wie nah sind die Boches schon! Es ist die Hölle hier. Schnell, schnell ... *Szabuniewicz schnallt den Schrankkoffer hinten an und verstaut keuchend und schwitzend das Gepäck im Fond des Autos. Es bleibt nur ein einziger Sitzplatz frei* Sperren Sie das Tor ab, Tadeusz Boleslav! *Oberst Stjerbinsky gehorcht* Und jetzt legen Sie die beiden Hutschachteln zuoberst. *Oberst Stjerbinsky gehorcht* Nein nicht so! Da kollern sie ja s o f o r t aus dem Wagen ... *Oberst Stjerbinsky gehorcht* Sie müssen noch einmal ins Haus, chéri! Holen Sie vom Kamin den dreiteiligen Spiegel und Papas Photographie, und mein Tennis-Racket aus dem Vorzimmer ...

Oberst Stjerbinsky wirft wütende Blicke auf den regungslosen Jacobowsky, während er Mariannes Wünsche ausführt. Er spricht teils vor dem Haus, teils, schreiend, im Haus.

OBERST STJERBINSKY Das ist das ganze Problem! Selbst Oberst Tadeusz Boleslav Stjerbinsky aus dem Geschlecht Pupicky-Stjerbinsky arbeitet mit seiner Hand. Nur die Jacobowskys arbeiten nicht mit ihrer Hand. Sie sind sich zu gut dazu ...

JACOBOWSKY *ihm nachrufend* Sehr richtig, Oberst. Die Jacobowskys haben Besseres zu tun.

MARIANNE Lassen Sie das Tennis-Racket! Ich brauche keins in London!

OBERST STJERBINSKY *teils im Haus, teils vor dem Haus* Was haben die Jacobowskys zu tun außer Coupons von Aktien zu schneiden, lange Telephongespräche zu führen mit Lissabon, New York, Buenos Aires, Filme zu finanzieren mit hübschen Stars und den ganzen Tag in den Zeitungen nachzuschaun, ob sie drinstehn. Was tun die Jacobowskys sonst?

JACOBOWSKY Wunder!

OBERST STJERBINSKY *ihn anstarrend* Wunder . . .

JACOBOWSKY Wunder! Das sollten Sie aus der Bibel wissen.

MARIANNE *ihren Ohren nicht trauend* Wunder?

JACOBOWSKY Ich will mich nicht überheben, Madame. Nicht Jacobowsky tut Wunder, aber Gott tut Wunder an Jacobowsky noch immer.

OBERST STJERBINSKY Einen Cognac, Szabuniewicz! Mir wird übel . . . Was für Wunder?

JACOBOWSKY *den Oberst nicht ansehend* Das geht Sie gar nichts an, Oberst. Es ist eine Sache zwischen mir und Madame allein . . . *Er deutet mit dem Zeigefinger zu den Sternen* Sehen Sie dort oben den leuchtenden Punkt, Madame? Das ist der Engel, der mich vor einer Weile ausgesucht hat, um mir Essence vom Himmel herunter zu bringen, damit ich Ihnen mein Versprechen halten kann. *Er zaubert den Zettel des Brigadiers aus der Luft* Dieser Zettel bedeutet Essence, Lebensblut, und zwar genug, um uns in Sicherheit zu bringen, und der französische Staat liefert mir die Essence selbst . . .

MARIANNE *den Zettel lesend* »Sûreté Nationale, Der Posten von Saint Cyrill. Anweisung für dreißig Liter Essence« . . . Sie müssen aber schnell gefahren sein, Monsieur!

OBERST STJERBINSKY Er kann nicht fahren.

MARIANNE Sie sehen so liebenswürdig aus, Monsieur, und gar nicht ein bißchen unheimlich . . .

Welch ein Glück, daß wir Sie bei uns haben, Tadeusz und ich!

OBERST STJERBINSKY Wie, zum Teufel, haben Sie das geschoben, Jacobowsky?

JACOBOWSKY *ohne den Blick von Marianne abzuwenden* Nicht Ihre Sache, teurer Oberst . . . Sie haben einfach an Wunder zu glauben!

Näherheulend ist das Flugzeug zurückgekehrt und donnert jetzt niedrig über die Landschaft hin. Alle bücken sich tief. Sogar Oberst Stjerbinsky neigt ein bißchen seinen ausgemergelten Kopf. Ein Strich Maschinengewehrfeuer. Die Fensterscheiben klirren, das Hündchen kläfft, das Kätzchen miaut vor Schreck.

MARIANNE *Coco an ihre Brust pressend* Oh, mon petit Coco . . .

OBERST STJERBINSKY *mit einem fachmännischen Blick zum Himmel.* Der Mann am Maschinengewehr dort oben ist ein Stümper . . . Die ganze Salve sitzt im Dach . . .

SZABUNIEWICZ *die Limousine untersuchend* Zwei kleine Löcheln hinten . . . Macht nichts.

MARIANNE *mit großer Tapferkeit sich selbst beherrschend* War das ein Maschinengewehr, Tadeusz . . . Es ist also nur ein Zufall, daß wir noch leben . . .

OBERST STJERBINSKY *legt den Arm um Marianne* Das ist immer nur ein Zufall, mein Herz, mehr oder weniger . . .

JACOBOWSKY *sich den kalten Schweiß wischend, doch mit fröhlicher Stimme* Keine Angst, Madame! Sie und Ihre reizenden Schützlinge werden bald in Sicherheit sein!

OBERST STJERBINSKY *macht eine scharfe Wendung* Herr Jacobowsky predigt Furchtlosigkeit ... Hört mein Ohr richtig?

JACOBOWSKY Frauenschönheit macht leicht auch einen Zivilisten zum Helden.

OBERST STJERBINSKY Aber Sie schwitzen d o c h.

MARIANNE *die sich mittlerweile in den Fond des Wagens gesetzt hat* Worauf warten wir? Vielleicht auf den nächsten Flieger ...

JACOBOWSKY Ich bemerke mit Vergnügen, daß für mich nur mehr ein Plätzchen auf dem Boden bleibt.

MARIANNE Oh, Monsieur ... Was machen wir da? Soll ich ...

JACOBOWSKY *unterbricht erschrocken* Keineswegs, Madame! Sie dürfen nichts entbehren *Er hockt sich auf den Boden des Autos* Ich bin mit meinem Plätzchen äußerst zufrieden.

MARIANNE Es ist schrecklich unbequem ...

JACOBOWSKY Dafür aber zu Ihren Füßen ...

OBERST STJERBINSKY *sitzt schon am Volant, Szabuniewicz neben ihm* Ich weiß nicht, dieser Jacobowsky gefällt mir nicht mehr. *Er löst die Bremse. Dann heftig zu Szabuniewicz* Tausch du mit Jacobowsky den Sitz!

JACOBOWSKY *Szabuniewicz, der aufstehn will, zurückhaltend* Wo denken Sie hin, Colonel? Nur keine Sorge um mich! Mir gehts herrlich. Fassen Sie lieber die Kurve dort ins Auge! Ich werde die

Zähne zusammenbeißen . . . *Er schlägt die Wagentür zu.*

Oberst Stjerbinsky tritt wütend auf den Gashebel, worauf der Motor wild aufheult, aus dem Auspuff kommt eine schwarze Wolke — der Wagen rührt sich nicht.

MARIANNE Heilige Jungfrau, Tadeusz, wir ersticken ja!

SZABUNIEWICZ Den Gang einschalten, mein Wohltäter!

JACOBOWSKY Hauptsache die Kurve, Colonel! *Mit heller Stimme* Ich möchte jetzt weniger sterben denn je . . . Vive la vie!!

Das Auto setzt sich ruckweise in Bewegung und verschwindet in der Nacht.

DES ZWEITEN AKTES ZWEITER TEIL

Waldlichtung, nahe der Stadt Bayonne. Die Landstraße läuft, etwas erhöht, im Hintergrund. Man sieht Jacobowskys Limousine, noch viel ramponierter als in der vorigen Szene. — Rechts vorne deuten Farnkräuter und Gebüsch auf einen Bach hin. Auf der Böschung sitzen Oberst Stjerbinsky und Marianne, sie auf einem ihrer Gepäckstücke und er auf seinem Offiziersrucksack. Marianne hält Coco im Arm. Manchmal setzt sie ihn auf die Hutschachtel neben sich, die sie aus dem Wagen gebracht hat. Der geliebte Coco soll nicht mit der

nackten Erde in Berührung kommen. — Trüber
Sommertag.

OBERST STJERBINSKY *murmelt* Ich bin sehr schwermütig . . .

MARIANNE *die Pflege ihrer Fingernägel beendend,*
schaut ins Weite Ich bekomme diese Straßen
nicht aus dem Kopf, diese Ameisenzüge von Autos, die nicht weiterkommen, diese Gesichter . . .

OBERST STJERBINSKY *laut, wie ein ungezogener*
Knabe, der Beachtung fordert Ich bin sehr
schwermütig!

MARIANNE *auf ihre Finger blasend, damit der Lack*
trockne Ich bin . . . Ich weiß nicht, was ich bin . . .
Stjerbinsky jäh anblickend Sie sind schwermütig, Tadeusz Boleslav, das ist neu!

OBERST STJERBINSKY Ich hab alles verloren . . .

MARIANNE Sie haben in Bordeaux eine Gelegenheit verloren . . . Hab ich nicht mehr verloren?

OBERST STJERBINSKY Das ist es nicht!

MARIANNE Und außerdem hab ich meine süße
kleine Mignon verloren und mein halbes Gepäck . . . Was ist es also?

OBERST STJERBINSKY Ich bin vor Ihnen, Marianne,
ein dreckiger Flüchtling unter Millionen Flüchtlingen. Ich helfe mit zu verstopfen die Städte
und Dörfer dieses verfluchten französischen Win-
kels, wo zusammengurgelt der ganze Abschaum
Europas. Bei Ausgeplünderten und Verhunger-
ten bettle ich um Nahrung, Wohnung, Essence.
Ich beginne meinen Wert zu verlieren . . .

MARIANNE Sie übertreiben, mein Freund! Nicht Sie verschaffen Nahrung, Wohnung, Essence, sondern . . .

OBERST STJERBINSKY Sondern Herr Jacobowsky, ich weiß. Mein Kamerad, Herr Jacobowsky, ist in seinem Element. Ich aber muß verstecken meine Uniform und die scharfen Züge meines Gesichts, und muß mich bemühn, zur Masse zu gehören, zur grauen Masse . . . Ich bin sehr schwermütig . . .

MARIANNE Haben Sie kein besseres Kompliment für mich?

OBERST STJERBINSKY Und auch Sie, Marianne, auch Sie wissen gar nicht, wie anders Sie geworden sind zu mir. Nein, das ist nicht mehr Tadeusz Boleslav, der Kavallerist, mit dem man durchflog im Rausche drei Pariser Nächte. Das ist nur ein gewisser Herr Stjerbinsky, ein sehr ungepflegter Herr . . . *Ausbruch* Oh, was für ein Leben führ ich!

MARIANNE *seine Hand ergreifend, leise* Und i c h ? . . . Seit wieviel Tagen rütteln Sie mich zusammen in dem schrecklichen Wagen dort? Seit wieviel Tagen stecke ich in demselben Kleid, habe keinen Koffer geöffnet, mein Haar nicht onduliert? Ich sehe aus zum Erbarmen. Mein Boudoir sind die Straßengräben Frankreichs. Es ist die reinste Plein-Air-Malerei, zu der mein armes Gesicht verurteilt ist. Und drei Männer kiebitzen!

OBERST STJERBINSKY Hab ich geduldet, daß Sie eine einzige Nacht verbringen ohne Zimmer?

MARIANNE *lächelnd* Sie haben nicht g e d u l d e t !
Gewiß! Aber diese traurige Bataille de France
um ein Bett und ein Brioche g e w i n n t Monsieur
Jacobowsky.

OBERST STJERBINSKY Die Qualität von Agenten
und Trödlern! Frauen überschätzen das.

MARIANNE Warum sind Sie so ungerecht? Er tut
das alles ja für uns. Ihm hat niemand geholfen
im Leben. Man spürt es ihm an . . .

OBERST STJERBINSKY Ich verzichte auf Psychologie. Psychologie ist eine jüdische Schutzfarbe . . .

MARIANNE Selbst dieses aparte Plätzchen verdan-
ken wir seinem Feingefühl . . . Ach, endlich nicht
im Gedränge zu stecken, in der Katastrophe, im
stickigen Grauen . . . Atmen dürfen ohne Angst
und Gefahr!

OBERST STJERBINSKY Szabuniewicz versteht dieselben Künste. Sie werdens gleich sehn.

MARIANNE Ich wäre jedenfalls auf ein kleines
Frühstück neugierig . . .

OBERST STJERBINSKY Wir Soldaten, wenn wir nichts
zu essen haben, rauchen wir . . . Bitte . . .

MARIANNE Sind Ihre Rezepte immer so zärt-
lich?

OBERST STJERBINSKY Ich zermartere mir den Kopf,
ob es möglich ist, daß eine schöne Frau von Familie sich in so etwas verlieben könnte wie Jacobowsky . . .

MARIANNE Warum nicht? Wenn sie aufhört eine
dumme Gans zu sein! Und wenn sie endlich verstehen lernt, daß Kopf und Herz wichtigere

Organe sind als lange Beine und schmale Hüften!

OBERST STJERBINSKY *nachdenklich* Wahrscheinlich werde ich Herrn Jacobowsky töten müssen ... *Szabuniewicz kommt kopfhängerisch von der Straße* Also was?! Geht ein Schiff von Bayonne?

SZABUNIEWICZ Gestern abend ging das allerletzte. Ein Kohlenschiff mit dreihundert Menschen wie Heringe. Wir sind wieder zu spät, wie in Bordeaux! ... Jetzt bleibt nur mehr Saint Jean-de-Luz. Aber nicht einmal mehr der Präfekt hat Essence ...

OBERST STJERBINSKY Ich beginne, meinen Wert zu verlieren ... Hast du wenigstens was zu essen?

SZABUNIEWICZ Einfach nichts! Bayonne ist kahlgefressen. Restaurants und Läden gesperrt polizeilich ... Und ein Gewitter kommt auch . .

OBERST STJERBINSKY *knirschend* Du Schlafsack!

SZABUNIEWICZ Wieso Schlafsack? Sie haben auf einer Matratze gelegen die ganze Nacht. Ich nicht! Ich muß mich jetzt hinhauen ... *Ab*

OBERST STJERBINSKY Nur weit weg von hier! Damit ich dich nicht sehe!

MARIANNE Mit Szabuniewicz war es demnach nichts ...

OBERST STJERBINSKY Ich habe also nur lange Beine und keinen Kopf und kein Herz.

MARIANNE Wer sagt das?

OBERST STJERBINSKY Jacobowsky aber hat mehr Kopf und Herz.

MARIANNE Anders! Ihr seid Gegensätze.

OBERST STJERBINSKY Danke, daß ich wenigstens
ein Gegensatz sein darf! . . . Sie aber sind keine
dumme Gans mehr . . .

MARIANNE *mit sehr verhaltener Zärtlichkeit* Bin
ich es wirklich nicht mehr, Tadeusz Boleslav?
Und ich gehe mit Ihnen durch dieses Teufelsge-
wühl bis zu Ende? Und ich werde sogar noch ein
schmutziges Kohlenschiff besteigen für Sie
irgendwo. Ich, eine Französin, der nichts geschehen kann. Beweis genug?

OBERST STJERBINSKY Kein Beweis Ihrer Liebe ist
mir genug, seit ich gehöre zur grauen Masse!

MARIANNE *pocht auf die Hutschachtel* Geschah es
vielleicht zu meinem Komfort, daß ich Ihre
schrecklichen polnischen Dokumente in dieser
unschuldigen Hutschachtel versteckte, als wir die
deutschen Tanks am Horizont sahen? Seitdem
gefährden Sie nicht nur mein eigenes Leben,
sondern auch zwei entzückende Kunstwerke der
Modistin Yvonne. Beweis genug?

OBERST STJERBINSKY *Marianne emporziehend* Marianne, Wunderbare! Ohne dich könnt ich dieses
schmutzige Leben nicht ertragen. Komm! Komm!
Ich bin wie wahnsinnig . . . *Er reißt die Frau an
sich, beugt ihren Kopf herab, will sie küssen.*

MARIANNE Geben Sie doch acht . . . Sie tun Coco
weh . . .

OBERST STJERBINSKY *tritt zurück, schwer atmend*
Dieses Hündlein vergällt mir die Existenz! . . . `

MARIANNE *sehr weich* Tadeusz Boleslav . . .

OBERST STJERBINSKY Keine Stunde war ich mit Ihnen allein! Keine Stunde! Ahnen Sie, was ich fühle?! *Er will sie wieder umarmen.*

MARIANNE *ausweichend* Jacobowsky kommt ...

OBERST STJERBINSKY Coco und Jacobowsky ... Jacobowsky und Coco .. Ich bin sehr schwermütig ...

Jacobowsky eilt von der Straße herbei. Er ist ziemlich atemlos. Sein Gesicht aber beginnt angesichts Mariannes zu strahlen, schleppt er doch ein prall gefülltes Hausfrauennetz voll guter Dinge heran.

JACOBOWSKY Eine gute Idee, Madame, daß Sie sich ins Freie begeben haben aus dem Wagen. Gottes Natur ist Gottes Natur und Gottes Natur ist eigens erschaffen für fröhliche Picknicks ...

MARIANNE Wie haben Sie das alles bekommen, Monsieur?

JACOBOWSKY Das ist doch nicht mein erstes Wunder, Madame ... Man begegnet so vielen Freunden heute in Bayonne und keiner ist rasiert, und alle sind grau wie der Tod ... Vergessen wirs! ... Wir haben immerhin eine hübsche Strecke gelegt zwischen uns und die Deutschen, die noch immer bei Tours stehen sollen. Unterbrechen wir also den Weltuntergang für eine Stunde und denken wir nicht daran, daß wir festgefahren sind. Seien wir guter Dinge! Wenn Jacobowsky guter Dinge ist, giftet sich Hitler grün und blau ...

OBERST STJERBINSKY Hitler führt den Krieg ausschließlich, damit Herr Jacobowsky sich giftet ...

JACOBOWSKY Sie wissen ja gar nicht, wie recht Sie haben, Colonel! Der Weltuntergang wird aus Ihnen noch einen Psychologen machen. *Beginnt auszupacken* Das unschuldige Tier zuerst! Milch-schokolade für Coco . . .

MARIANNE Ich bin Ihnen so dankbar, mein Freund! . . . Nun hat Coco was Gutes! Der unschuldige Réfugié Coco . . . *Sie zerkleinert die Schokolade-tafeln für den Hund.*

JACOBOWSKY Und wir weniger unschuldigen Ré-fugiés haben hier heißen Kaffee in dieser Ther-mosflasche. Und wir haben neun harte Eier und ein halbes Pfund Schinken und Butter und Salami und Pâté de la maison und lange frische Brote, und dieses ganze ›Ravitaillement‹ war gar nicht leicht zu erwerben . . . Kommen Sie, Colonel, breiten wir den Plaid als Tischtuch aus . . . Hier . . . Nein, hier . . . *Marianne hilft ihm, da sich Stjerbinsky nicht rührt, den Plaid auszubreiten. Jacobowsky wickelt einen Teil der Speisen in ein Papier* Der Anteil für Szabuniewicz! Der Müde liegt dort wie eine Schildwache, die eingeschlafen ist . . .

MARIANNE Bringen Sie ihm dieses Essen, Ta-deusz . . .

OBERST STJERBINSKY Ich?

MARIANNE Sind Sie nicht sein Eigentümer?

JACOBOWSKY Ich kann ja . . .

OBERST STJERBINSKY Nicht Sie! *Er geht finster mit dem Eßpaket ab.*

JACOBOWSKY *überreicht Marianne drei rote Rosen* Hier, Madame . . .

MARIANNE Sie haben noch keinen Morgen meine Rosen vergessen, trotz aller Gefahren . . .

JACOBOWSKY *während er mit ausgesprochenem Schönheitssinn die ›Tafel‹ herrichtet* Es ist mein dürftiger Dank an das Schicksal, das die schrecklichsten Tage meines Lebens zu den schönsten Tagen meines Lebens macht . . .

MARIANNE Ihre Rosen sind mir sehr wichtig, mein Freund . . . *Sie steckt die Rosen an.*

OBERST STJERBINSKY *zurückkommend* Natürlich die Rosen . . . *Verkniffen* Aber kein Besteck!

JACOBOWSKY Irrtum, geschätzter Colonel! Hier hat jeder von uns sein Tellerchen, sein Becherchen von Papier, sein Messerchen, sein Gäbelchen von eitel Blech. Ist das nicht wie ›Hinter den Bergen, Bei den Sieben Zwergen‹? Schneewittchen! Schade, daß Sie Grimms Märchen nicht kennen! Die deutsche Kultur stößt einem immer wieder auf . . . Leider . . .

Man hat Platz genommen und beginnt zu speisen.

MARIANNE Grimms Märchen? Was ist das?

JACOBOWSKY Etwas sehr Liebliches und sehr Grausames, Madame! Es wimmelt in Grimms Märchen von Menschenfressern, *in die Ferne weisend* wie jene Boches dort . . . Vielleicht sollte man doch die ominöse Hutschachtel besser verbergen . . .

MARIANNE Sie essen nichts, Tadeusz . . .

OBERST STJERBINSKY Ich lehne es ab zu essen!

JACOBOWSKY Werden Sie auch zu trinken ablehnen? *Oberst Stjerbinsky schweigt verstockt* Sie werden nicht ablehnen, Colonel! . . . Der Zauberer zaubert . . . Hokuspokus! *Er greift hinter sich ins Gras und bringt eine Flasche zum Vorschein* Hut ab vor diesem Elixier! Cognac, Réserve 1911!

OBERST STJERBINSKY *zwischen den Zähnen* Aber einen Korkenzieher haben Sie sicher nicht!

JACOBOWSKY Ich schäme mich der billigen Triumphe, die Sie mir bereiten, Colonel! Sehen Sie hier dieses praktische Universalwerkzeug: Korkenzieher, Zange, Schuhlöffel und Taschenlampe in einer Person! *Während er die Flasche entkorkt* Mit diesem Geniestreich moderner Technik versuchte ich meine Existenz Nummer vier in Prag aufzubauen . . . Es war ein Hereinfall . . . *Will dem Oberst einschenken*

OBERST STJERBINSKY Nicht in den Papierbecher, bitte! Nur ein Barbar trinkt edlen Fine aus so was! *Greift in den Rucksack* Hier, meine Feldflasche!

JACOBOWSKY All diese militärischen Gerätschaften seh ich nicht gern in Ihrem Besitz!

OBERST STJERBINSKY Möchte wissen, was Sie das angeht . . . Die Deutschen stehn bei Tours!

MARIANNE *hat ein Brot für Jacobowsky belegt* Ist das Sandwich so richtig, Monsieur?

JACOBOWSKY Frankreich mußte fallen, damit die Elfenhand einer Frau für mich sorgt . . . *Er küßt ihr die Hand.*

OBERST STJERBINSKY *hat sich die Feldflasche vollgeschenkt* Sie dürfen ruhig Réserve 1911 aus Papier trinken, Jacobowsky . . .

JACOBOWSKY Meine selige Mutter pflegte zu sagen: »Gebrannter Wein ist gut v o r Sonnenaufgang und n a c h Sonnenuntergang.«

OBERST STJERBINSKY Und tagsüber?

JACOBOWSKY *erhebt sich, um Wasser aus dem Bach zu holen, singt* »Ich hört ein Bächlein rauschen.« Schubert, Colonel! Es muß was zu bedeuten haben, daß mir die deutsche Kultur zum zweitenmal aufstößt!

MARIANNE Bitte auch für mich!

OBERST STJERBINSKY Aha! Das große Einverständnis in der Nüchternheit!

MARIANNE *faßt lachend Stjerbinskys, und dann Jacobowskys Hand, der mit dem Wasser kommt* Einmal einverstanden im Rausch! . . . Das andremal einverstanden in der Nüchternheit! . . . Die großen Gegensätze! Wie sind sie komisch!

OBERST STJERBINSKY Gegensätze müssen sich vernichten!

MARIANNE Vielleicht sollten sie einander ergänzen. Gegensätze sind immer nur Hälften.

OBERST STJERBINSKY Wie auszeichnend, Herrn Jacobowskys schlechtere Hälfte zu sein!

JACOBOWSKY *versöhnlich* Sie sind die bessere, Oberst! Nehmen Sie mirs nicht übel.

OBERST STJERBINSKY Sie haben es sehr weit gebracht seit einer Woche, Herr . . . *Leise, tief* Denn ich hasse Sie! *Nimmt einen tiefen Schluck*

JACOBOWSKY Weil ich Wasser trinke? Ist das alles, was Sie mir vorwerfen?

OBERST STJERBINSKY Nein! Nicht alles!

JACOBOWSKY Interessant! Zum Beispiel?

OBERST STJERBINSKY Als wir die Nacht gestern in Dax im Centre d'Acceuil schliefen, auf diesen ekelhaften Matratzen, Sie und ich nebeneinander – Stjerbinskys Glück – warum haben Sie mich da immer wieder angestarrt, so, so . . .

JACOBOWSKY Ich hab mich über Ihr Gesicht gewundert und über Ihr Murmeln . . .

OBERST STERBINSKY Meinen Rosenkranz hab ich gebetet. Und aus Scham vor Ihnen unter der Decke.

JACOBOWSKY Machen Sie immer so drohende Augen, wenn Sie beten?

OBERST STJERBINSKY Sie aber haben nicht gebetet, Jacobowsky, sondern am Bauch befestigt Ihre Kassette mit einem Riemen . . . Sie haben sich gefürchtet!

JACOBOWSKY In dieser Kassette liegt mein letztes Geld und einige teure Andenken!

OBERST STJERBINSKY *Jacobowsky nicht zu Worte kommen lassend* Sie haben sich gefürchtet vor m i r ! . . . Schweigen Sie! Herr S. L. Jacobowsky hält somit den Oberst Tadeusz Boleslav aus dem edlen Hause Pupicky-Stjerbinsky für einen Lumpen, Strauchdieb, Wegelagerer . . .

JACOBOWSKY Nein, Colonel . . .

OBERST STJERBINSKY Schweigen Sie! *Er trinkt die Feldflasche leer* Ich habe im Kriege Männer getötet und im Frieden Frauen verlassen. Gott helfe mir! Wer ist aber der Wegelagerer? Wer verführt durch Nüchternheit? Wer besticht durch

kriechende Sanftmut? Wer filzt sich ein durch
Hilfsbereitschaft? Hitler hat recht. Ihr ganzes
Sein ist Wegnehmen, Wegnehmen, Wegneh-
men . . .

MARIANNE *stark* Ich dulde nicht, daß Sie so von
unserm Freund sprechen!

OBERST STJERBINSKY Schon ganz beim Gegensatz
angekommen, wie?

MARIANNE Es ist das Glück von uns Frauen, daß
wir Gegensätze verstehen dürfen . . .

OBERST STJERBINSKY *rasend* Das Glück! . . . Immer
besser! Er hat keine langen Beine, aber Kopf und
Herz . . . Umarmen Sie ihn doch . . .

MARIANNE Noch ein Wort und ich stehe auf . . . Ich
habe f r e i w i l l i g das alles auf mich genommen . . . Wollen Sie mich strafen dafür?

OBERST STJERBINSKY *beherrscht sich* Wir werden
abrechnen, wenn wir allein sind, Jacobowsky!
Schenkt sich Cognac ein.

JACOBOWSKY Also, an Ihrer Stelle, Colonel, würde
ich das Wort ›Abrechnen‹ lieber vermeiden!

MARIANNE Taisez-vous! . . . Irgendwer kommt . . .
Hören Sie auf zu trinken! Sie vertragen ja gar
nicht so viel . . .

*Auf der Straße ist ein Doppelzweirad aufge-
taucht, dessen Vordersitz der Ewige Jude, dessen
Hintersitz der Heilige Franziskus einnimmt. Die
beiden steigen ab und nähern sich, das Tandem
führend, der Gruppe. Der Ewige Jude ist ein
Mann von einigen dreißig Jahren, hager, vorge-
beugt, mit hoher Stirn, schwarzem Kraushaar*

und der dicken Hornbrille eines Intellektuellen.
Der Heilige Franziskus ist ein langer blasser
Minoritenmönch in Sandalen, die Kutte wegen
des Radfahrens mit Sicherheitsnadeln hochge-
steckt.

DER EWIGE JUDE Guten Morgen, wenn wir die Gesellschaft nicht stören . . .

OBERST STJERBINSKY Wer sind Sie eigentlich?

DER EWIGE JUDE Eigentlich? Ja, wenn Sie mich so
fragen . . . *Über seinen plötzlichen Einfall er-*
heitert Eigentlich bin ich der Ewige Jude!

OBERST STJERBINSKY *nach einem tiefen Schluck* Sie
hätte ich mir älter vorgestellt . . .

DER EWIGE JUDE Man tut, was man kann. Wenn
einer zweitausend Jahre alt wird, so schaut er
ungefähr aus wie ich . . .

OBERST STJERBINSKY *schon mit ziemlich glasigen*
Augen Und seit wann fahren Sie Tandem, Herr
Wandernder Jude?

DER EWIGE JUDE Bin ich nicht die Weltgeschichte
des menschlichen Verkehrs persönlich? Freilich,
ein Clipper-Billett wär mir lieber, um der Katastrophe schnell nach Amerika zu entkommen.
Welch ein Unsinn, daß ich den Katastrophen immer wieder entkommen will!

OBERST STJERBINSKY Sagen Sie, was zucken Sie da
immer mit dem Mund? . . . Lachen Sie?

DER EWIGE JUDE Na, lachen S i e zweitausend Jahre
über immer denselben Witz! . . . Ich verziehe mein
Gesicht zum Lachen, bleibe aber stecken, weil ich
nicht lachen kann. Ich bin wie eine Glocke, die

anschlägt, aber nicht läutet ... Und außerdem hab ich zwei Jahre Dachau hinter mir ...

MARIANNE Und dort der geistliche Herr? ... Wollen Sie nicht näher kommen, hochwürdiger Pater?

DER EWIGE JUDE Oh, verzeihen Sie. Ich habe vergessen vorzustellen! Dies hier ist der Heilige Franziskus!

DER HEILIGE FRANZISKUS Hören Sie nicht hin! Er ist ein armer, trauriger Mensch, der mit seiner großen Not Scherz treibt ...

DER EWIGE JUDE Und er wieder kann seinen schweren italienischen Akzent nicht loswerden, obwohl er sich mit Mussolini zerstritten hat ...

DER HEILIGE FRANZISKUS Ich habe mich mit niemandem zerstritten. Ich bin ein unwürdiger elender Mönch, der seine Hände erhebt und ruft: Gott hat uns geschaffen in seiner herrlichen Natur zu Brüdern und Schwestern und zu Lieb und Wonne und nicht zum herzlosen Nationalstolz ...

JACOBOWSKY Ich sehe zwei Gegensätze, die ganz gut miteinander auskommen!

DER EWIGE JUDE Oh, wir sind ein Herz und eine Seele! Lassen Sie Gegensätze nur alt genug werden, dann finden sie sich, wie die Parallelen im Unendlichen.

MARIANNE Wollen die Herren sich nicht niedersetzen und zugreifen?

DER EWIGE JUDE Zugreifen? Nein! Gespenster sind immer nach dem Frühstück. Niedersetzen?

Nein! Mein Beruf ist es ja, unstet zu sein. Wenn Sie uns aber mit etwas Geld für die Flucht weiterhelfen ...

JACOBOWSKY *gibt ihm einen Schein* Leider herrscht Ebbe ...

Oberst Stjerbinsky holt aus der Tasche etwas hervor, was er dem Mönch gibt.

DER EWIGE JUDE Was ist das für ein Ding?

OBERST STJERBINSKY Die Ehrenmedaille des internationalen Klubs gegen die Motorisierung der Welt.

DER EWIGE JUDE Wir können durch Nachrichten danken ... Finden Sie die Luft nicht sehr drückend?

OBERST STJERBINSKY *hat beinahe die ganze Flasche geleert* Ich sitze in einer Waschküche ...

DER EWIGE JUDE Bei solchem Wetter pflege ich umzugehn. Im Eugène Sue und bei andern Autoren können Sie's nachlesen, daß ich der Bote des großen Windstoßes bin. Der Windstoß ist unterwegs. In Wiesbaden wurde der Waffenstillstand geschlossen. Die Deutschen werden den größten Teil Frankreichs und die ganze Küste besetzen. Es bleibt uns nur mehr ein Augenblick. Schon treffen die ›Vorauseiltruppen‹ in den Bürgermeisterämtern ein. Mit Auslieferungslisten! Es gibt zwei Möglichkeiten ...

JACOBOWSKY *die Stirn wischend* Zwei Möglichkeiten ...

DER EWIGE JUDE Entweder geht man ins Innere Frankreichs. Das ist schlecht! Oder man versucht

in Bayonne die nötigen Visa zu bekommen, um
die Brücke nach Irun zu überschreiten ...

OBERST STJERBINSKY Und Saint Jean-de-Luz ...
Wenn alle Stricke reißen ...

DER EWIGE JUDE Wer weiß? Das Meer ist immer
rätselhaft ...

MARIANNE *tritt, mit Tränen in den Augen, vor den
Heiligen Franziskus* Hochwürdiger Vater! Ich
habe nichts auf den Straßen zu suchen. Ich bin
eine Französin. Ich führe ein sehr sündiges Leben. Schon allzulang hab ich keine Messe gehört
und nicht gebeichtet. Gedenken Sie meiner im
Gebet! Würden Sie mich bitte Ihres Segens wür-
digen?

DER HEILIGE FRANZISKUS *scheu und ohne Salbung*
Möge Gott Sie segnen, meine Tochter, Madame
la France! Er wird Ihnen Ihre Sünden vergeben,
denn sie stammen aus dem Leichtsinn des Herzens und nicht aus Bosheit. Ich sehe es Ihrem Gesicht an, daß in Ihnen lebt die Liebe zum Schöpfer
und zu seinen Geschöpfen. Um dieser Liebe willen
wird Gott Sie wieder erheben, Madame la France!
Starker Wind ist zu hören.

DER EWIGE JUDE Da ist der Windstoß! Man kann
sich auf mich verlassen. Nach Bayonne, Pater!
Es ist Zeit für uns ...

*Beide ab auf dem Tandem. Der Wind wird im-
mer stärker und wirbelt die Papiere, in welche
die Speisen gewickelt waren, über die Szene.*

MARIANNE *in tiefer Bewegung* Ich gehe ins Auto ...
Folgen Sie mir nicht ... Ich möchte allein sein ...

OBERST STJERBINSKY *schuldbewußt ihr nach* Marianne ... Mein geliebtes Leben ... Lassen Sie mich erklären ...

MARIANNE Ich möchte allein sein ...

JACOBOWSKY Hiergeblieben, Stjerbinsky!

OBERST STJERBINSKY *dreht sich scharf um* Seit wann die Befehlsform?!

JACOBOWSKY Hier liegt Ihr Offiziers-Rucksack! Ich nehme an, daß darin nicht nur Hemden und Unterhosen verpackt sind ...

OBERST STJERBINSKY Das will ich meinen! Diese beiden Armee-Revolver zum Beispiel, Modell 1938! *Holt sie heraus.*

JACOBOWSKY Ich fordere Sie auf, unverzüglich alles, woran Sie identifizierbar sind, in diesen Bach zu werfen. Der Ewige Jude verbreitet keine falschen Gerüchte. Vielleicht ist die Gestapo schon in Bayonne. Auf ihren Kopf steht ein Preis. Mitgefangen, mitgehangen. Ihr Tod wäre unser Tod!

OBERST STJERBINSKY *schwankend* Sie überschätzen den Tod, Jacobowsky!

JACOBOWSKY Der Mensch hat nur ein einziges Leben!

OBERST STJERBINSKY Falsch! Der Mensch hat z w e i Leben. Meinem u n s t e r b l i c h e n Leben können die Boches nichts anhaben!

JACOBOWSKY Ich hänge an meinem sterblichen Leben!

OBERST STJERBINSKY Das ist ja die ganze Schweinerei ...

JACOBOWSKY Findet die Gestapo Ihren Rucksack, sind wir alle verloren ...

OBERST STJERBINSKY Eine ganze Flasche Cognac bringt neue Erkenntnisse ...

JACOBOWSKY Neue Illusionen ...

OBERST STJERBINSKY Ich weiß jetzt, daß Gott die Natur nicht so eingerichtet hätte, daß wir einander töten dürften, wenn unser irdischer Tod ein w i r k l i c h e r Tod wäre ...

JACOBOWSKY Eine Religion für Totschläger!

OBERST STJERBINSKY Eine Religion für Kavaliere, Jacobowsky! Wenn ich sterbe, dann lebe ich! Und darum lieb ich den Krieg und die Attacke, mit nacktem Säbel mitten hinein in die Maschinengewehre, und den Rausch und den Zweikampf. Ja, und die Ehre, dieses Prachtgefühl, daß meine Seele keine schwarzen Füße hat ...

MARIANNE *das Wagenfenster öffnend, ruft* Warum schreien Sie so?

OBERST STJERBINSKY Ich bin nicht betrunken, meine Seele ... Wir verhandeln nur eine Kleinigkeit ...

JACOBOWSKY Sie reden von Ehre und achten nicht einmal Menschenwürde.

OBERST STJERBINSKY Menschenwürde ist eine Erfindung des kleinen Mannes für den kleinen Mann! Ich gebe Ihnen mehr. Sie bekommen zurück von mir, was Hitler Ihnen genommen hat: Ehre! *Er drückt ihm einen Revolver in die Hand.*

JACOBOWSKY Was soll das?

OBERST STJERBINSKY *verglast aber feierlich* Herr Jacobowsky! Sie beleidigen mich durch Ihre Exi-

stenz! Deshalb fordere ich Sie auf Satisfaktion
mit zweimaligem Kugelwechsel ...

JACOBOWSKY Träum ich? Wach ich? Waffenstillstand in Wiesbaden! Vorauseiltruppen! Die Küste wird besetzt. Ich bin in der Falle und hab ein
Duell ...

OBERST STJERBINSKY Wir werden kämpfen um eine
Frau, Jacobowsky ...

JACOBOWSKY Und um was für eine Frau, Stjerbinsky ...

OBERST STJERBINSKY Sie haben akzeptiert?

JACOBOWSKY Warum nicht? ... Warum nicht? ...

OBERST STJERBINSKY Sie lernen durch mich die
Ehre schätzen?

JACOBOWSKY Keine Spur! Aber ein heftiges Be-
dürfnis entwickelt sich in mir, Sie loszuwerden
für immer, Sie Alpdruck! Welch eine Gelegenheit! Und schießen kann jedes Kind ...

OBERST STJERBINSKY Ich bin fair! Ich gebe Ihnen
voraus eine ganze Flasche Cognac. Meine Hand
ist unsicher. Sie können mich töten auf zwölf
Schritt Distanz. Wir losen, wer zuerst schießt.
Akzeptiert?

JACOBOWSKY Akzeptiert! Erklären Sie mir nur vorher den Mechanismus ...

OBERST STJERBINSKY *nimmt ihm den Revolver aus
der Hand, entsichert und spannt ihn* So ...

SZABUNIEWICZ *kommt gerannt, die Arme schwin-
gend mit entsetzt aufgerissenen Augen* Herr
Oberst ... Madame ... Herr Oberst ... Madame ... Sie haben uns ... Die Boches ...

JACOBOWSKY Laufen wir!

SZABUNIEWICZ Zu spät ... Dort ...

*Jacobowsky packt mit wildem Entschluß Stjer-
binskys Rucksack und schleudert ihn in den Bach.
Marianne eilt schreckensbleich herbei.*

OBERST STJERBINSKY *mit beiden Revolvern in der
Faust vorgehend* Ich habe vierundzwanzig Patronen!

SZABUNIEWICZ *wirft sich ihm in den Weg, umklammert ihn, ringt mit ihm* Nur jetzt nicht verrückt
sein, mein Vater und Wohltäter ...

MARIANNE *umklammert ihn von der andern Seite*
Tadeusz ... Kommen Sie zu sich, Geliebter ...

OBERST STJERBINSKY Eh' sie mich hinmachen, sechs
nehm ich mit, mindestens ...

JACOBOWSKY So denken Sie doch an Marianne ...!
*Oberst Stjerbinsky läßt die Arme sinken und
steckt die Waffen ein.*

MARIANNE Sie dürfen kein Wort sprechen, kein
Wort, mein Leben ... *Zu Jacobowsky* Helfen
Sie! Helfen Sie ihm!

JACOBOWSKY Kann ich mir selbst helfen? *Erblickt
plötzlich die Hutschachtel* Gerechter Gott! Die
Hutschachtel!

*Auf der Straße macht die Spitze einer deutschen
Patrouille auf Motorrädern halt. Sie ist von einem
Oberleutnant geführt, und begleitet von einem
Gestapobeamten, der während des blitzhaften
Vormarsches noch nicht Zeit gefunden hat, sein
Touristengewand mit der Uniform zu vertau-
schen.*

OBERLEUTNANT *preußischer Junker mit Monokel, kommandiert* Absitzen! *Man sieht nur das erste Glied der Abteilung, vier Mann, zwei für jedes Motorrad, die regungslos stramm stehen, bis zum Ende. Oberleutnant zur Flüchtlingsgruppe* Bitte sich nicht vom Orte zu bewegen! *Nähert sich langsam mit dem Touristen* Habe ich es mit französischen Staatsbürgern zu tun?

MARIANNE *tritt etwas vor, hält aber Stjerbinskys Hand umkrampft* Ich, Monsieur . . .

OBERLEUTNANT Mein Befehl, gnädige Frau, zwingt mich, Sie und Ihre Gesellschaft anzuhalten. Andrerseits habe ich die strikte Weisung, der Bevölkerung des Feindlandes mit g e s c h l i f f e n - s t e r H ö f l i c h k e i t entgegenzukommen . . .

MARIANNE *tonlos* Was für Befehl?

OBERLEUTNANT Wir haben vorzuspritzen und den Wald durchzukämmen!!

MARIANNE Was haben Sie?

OBERLEUTNANT Vorzuspritzen . . .

TOURIST *rosiges Schweinsgesicht, das sächselt, grüner Hut mit Rasierpinsel, Wadenstrümpfe, kurze hellgelbe Jacke* Und durchzukämmen . . . Und hinter uns kommt die Quab!

MARIANNE Die Quab, oh, heilige Jungfrau . . . Und wer sind Sie, mein Herr?

TOURIST Ich bin ein Tourist, dessen Uniform unterwegs ist . . .

OBERLEUTNANT Sie brauchen nicht zu erschrecken, gnädige Frau! Unsere Tathandlung richtet sich nicht gegen Frankreichs friedfertige Bürger, sondern gegen politische Missetäter, insbesondere Angehörige der sogenannten tschechoslowakischen und polnischen Armee in Frankreich aus den Lagern von Angers und Agde ... Ich bitte also, sich zu legitimieren ... *Zu Jacobowsky* Sie zuerst!

JACOBOWSKY *kreideweiß, schweißübergossen, nach Atem ringend, reicht mit bebender Hand dem Oberleutnant seinen Ausweis, der ihn dem Touristen weitergibt* Ich bin keine Militärperson ...

OBERLEUTNANT Das seh ich ...

TOURIST *die Identitätskarte genußvoll aufblätternd* Jacobowsky! Das ist eindeutig. Jot wie Jude! Ehemals deutscher Reichsangehöriger! Ausgebürgert ... *Scharf* Sagen Sie, sind Sie vielleicht Schriftsteller?

JACOBOWSKY *zusammenfahrend* Gott behüte, Herr Tourist! Ich lebe von Gelegenheitsgeschäften ...

TOURIST Kennt man! Schmarotzer am Leibe der Menschheit ... *Reicht dem Oberleutnant die Papiere, der sie an Jacobowsky zurückgibt.*

JACOBOWSKY *dem Glück nicht trauend* Ist das alles? ... Ich darf mich entfernen? ...

TOURIST Ja, wie ein Affe am Dressierhalsband ... Sie entgehn uns nicht ...

OBERLEUTNANT Der Nächste *Übernimmt die Dokumente von Szabuniewicz, die wieder zum Touristen wandern* Nationalität?

SZABUNIEWICZ Pole ...

TOURIST Aha, Pole! Schon faul! Mal sehn ... *Schlägt ein schwarzes Buch auf, das er unterm*

Arm geklemmt hielt Szabuniewicz, Sch wie
Schweinehund, nee, stimmt nicht, weil S und z ...
Blätternd und lesend Seversky Ludomir, Oberst-
leutnant, Spinicz Alois, Kapitän, Sikorsky,
Armeegeneral, Stjerbinsky, Tadeusz Boleslav,
Oberst, drei Kreuze . . . Namen sind das,
Stjerbinsky, Szublow ... *Klappt das Buch zu*
Beruf?

SZABUNIEWICZ Wissenschaftlich, der Herr ...
Der Tourist verwundert Hühneraugenoperateur,
Masseur, Desinfektor, Exterminator und Aus-
hilfsirrenwärter ...

OBERLEUTNANT Irrenwärter?

SZABUNIEWICZ Steht vermerkt alles ... *Er bekommt seine Papiere zurück.*

OBERLEUTNANT Gnädiges Fräulein oder gnädige
Frau ... *Marianne nestelt aus ihrem Täschchen
ein Dokument* Madame Marianne Deloupe ...
Verehelichte Deloupe?

MARIANNE Ich bin ... Ich war verehelicht ...

JACOBOWSKY *der sich etwas zurückgezogen hatte,
fällt schnell ein, auf den Obersten weisend* Hier
steht der verstorbene Gatte der Dame!

OBERLEUTNANT UND TOURIST Was?!!

JACOBOWSKY *plötzlich verwandelt, kühl, überlegen*
Verzeihung! Ich habe mich versprochen. Der verstorbene Gatte der Dame lebt bis zu einem ge-
wissen Grade. Und doch, — die Dame ist eine Art
Witwe, würde sie sonst mit einem Irrenwärter
reisen?

OBERLEUTNANT Der Herr da ist ...

TOURIST Ich möchte die Papiere dieses Herrn Deloupe sehn ...

JACOBOWSKY *immer kühner* Papiere? Ja, wissen Sie nicht, was vorgegangen ist? Es stand in allen Zeitungen. Als Ihre Flieger die Irrenanstalt bei Nantes zum fünftenmal bombardierten, da brachen die Kranken aus, liefen durch die Straßen, rannten in die Felder. Viele brachten sich um. Nur ein Bruchteil konnte wieder eingefangen werden. Madame Deloupe gelang es, mit Hilfe dieses Fachmannes hier, ihren Gatten in der Nähe von Nantes aufzuspüren. Aber in welchem Zustand! Halb eingesunken im Moor ...

TOURIST Sagen Sie mal, wer redet eigentlich mit Ihnen, Sie rotes Jot?

MARIANNE *nimmt schnell den Faden auf – von nun an alles in wildem Tempo* Halb eingesunken im Moor! Ohne Kleider! Nur in seinem Anstaltspyjama. Wir mußten ihn beruhigen, stundenlang. Dann in der Stadt einen Anzug kaufen. Und welch eine Fahrt in dem Wagen dort ... *Schluchzt auf* Ich hab es auf mich genommen, ihn im Sanatorium von Saint Jean-de-Luz selbst zu pflegen mit Hilfe von Herrn Szabuniewicz ...

SZABUNIEWICZ Kann ich bestätigen jedes Wort. Als Fachmann ...

TOURIST Na, guter Mann! Wie gehts allemal? Franzosen rühren wir nicht an ... *Er bewegt sich auf Stjerbinsky zu, der wirklich mit den Augen eines Wahnsinnigen Schritt um Schritt zurückweicht.*

MARIANNE *schreit auf* Nicht direkt ansprechen! Um Gottes willen!

JACOBOWSKY Er beginnt sofort zu toben ... Sie würden staunen!

MARIANNE *Stjerbinsky umarmend und streichelnd* Es ist nichts, mein Engel! Sei nur gut! Niemand wird dir ein Haar krümmen. Ich, deine Marianne, schütze dich! Ja, ja, wir gehen zusammen wohin du willst ... Da, nimm Coco, deinen lieben Coco ... *Aufschluchzend* Das Hündlein ist sein ganzes Glück ...

Oberst Stjerbinsky steht regungslos, Coco im Arm.

TOURIST *der stehen geblieben ist* Kann der Mann nicht reden?

MARIANNE Er redet meist nur mit Coco oder mit sich allein ...

SZABUNIEWICZ Kann ich bestätigen jedes Wort. Als Fachmann ...

TOURIST Die ganze Chose gefällt mir nicht ... Man muß Anhaltspunkte finden ... Vielleicht im Gepäck ...

MARIANNE *verächtlich zum Oberleutnant* Der Rest meines Gepäcks liegt im Auto dort. Der Kranke aus der Anstalt von Nantes hat keines. Es ist alles offen, Monsieur.

TOURIST Quandt und Scherr! Schauen Sie mal die Sachen durch! Nach Papieren! *Zwei SS-Leute, von hinten herbeilaufend, stürzen sich aufs Auto und beginnen es durchzuwühlen. Der Tourist nimmt den Oberleutnant etwas zur Seite* Riechen Sie den Fischkopf? A trois ...

OBERLEUTNANT A trois?

TOURIST Französisches Dreieck! Jede Französin schläft mit zwei Männern, regelmäßig ...

OBERLEUTNANT Na, im Bund deutscher Mädels soll mans machen à quatre bis à douze!

TOURIST Erlauben Sie mal. Dieser Vergleich kratzt doch wohl im Halse. Wenn eine freie deutsche Jungfrau mit einem oder mehreren Parteigenossen über den flammenden Julklotz springt und dann beim Schein der deutschen Sterne mit weltseligem Lockruf den Vater ihrer Kinder wählt, dann tut sie es im Vollbewußtsein ihrer Gebärtüchtigkeit und ihres Beitrags zum ewigen Leben des Volkes ... Dieses hier aber ist Rassenschande ... *Ein SS-Mann überreicht dem Touristen ein Bündel Papiere. Der Tourist blättert* Rechnungen, nichts als Rechnungen ... Herr Jacobowsky bezahlt ... Diese Bolschewiken sind alle Plutokraten ... *Wirft Jacobowsky das Papierbündel verächtlich hin.*

OBERLEUTNANT *will Schluß machen* Halten Sie den Mann Deloupe für einen getarnten Offizier der okkupierten Nationen? Wenn nicht, geb ich den Abmarschbefehl ...

TOURIST Bin mit meiner Willensbildung noch nicht zu Ende ... Was denken S i e von dem Mann?

OBERLEUTNANT Denken ist nicht mein Geschäft!

TOURIST Für so was hab ich den Röntgenblick! Sehen Sie sich man die ausgehöhlte Fassade von dem Menschen an, diese eingefallenen Augen ...

Jacobowsky fixierend, laut Klinischer Fall der Zerrüttung eines Rassenariers durch Juda!

JACOBOWSKY *mit äußerster Bescheidenheit* Um Vergebung, Herr Tourist! Ich will dem Rassenamt nicht vorgreifen. Aber Loup heißt französisch: Wolf. De Loupe, Fils de Loupe, Sohn des Wolfes, Wolfsohn. Die Wölfe und Wolfsöhne pflegen auch in Frankreich keine Arier zu sein...

TOURIST Wolfsohn?! Habe gleich gespürt, daß hier etwas nicht stimmt... *Bemerkt die sarkastische Maske des Oberleutnants, wird verlegen und zeigt ärgerlich auf die Hutschachtel* Was ist das?

MARIANNE *mit höchster Ruhe* Das ist eine Hutschachtel.

TOURIST Und was ist in der Hutschachtel?

MARIANNE Was kann in der Hutschachtel einer Frau sein? Hüte! *Blickt dem Oberleutnant starr ins Auge* Soll ich öffnen, Monsieur?

OBERLEUTNANT Bin Soldat und kein Zöllner...

MARIANNE *tollkühn vor der Schachtel hinkniend, läßt das Schloß aufspringen* Es sind darin zwei Hüte, zwei Waschblusen, Strümpfe, ein Sweater, Tennisschuhe...

Oberst Stjerbinsky steht sehr weit von den andern entfernt. Er hält Coco noch immer im linken Arm. Im Augenblick der höchsten Gefahr verkrampft sich sein Gesicht. Langsam zieht er den Revolver aus der Tasche, was Szabuniewicz und das Publikum bemerken.

SZABUNIEWICZ *stürzt sich wie rasend auf Stjerbinsky, würgt ihn, schlägt ihn, schüttelt ihn, brüllt*

Werden Sie mich loslassen, Sie Teufel, Sie ver-
fluchter! Sie werden mich nicht wieder beißen,
Sie wütender Hund. Loslassen! Sonst kommen
Sie ins Gitterbett und in die Zwangsjacke noch
heute! Loslassen!

Coco heult und bellt in Todesschreck.

JACOBOWSKY *Schlag auf Schlag* Ein Anfall! Da
haben Sie es! Ein Anfall! Die Herren sind Madame zu nahe gekommen. Das erträgt er nicht.
Auch den Namen Wolfsohn erträgt er nicht . . .

MARIANNE *bricht über der Hutschachtel zusammen*
Ich gehe zugrunde . . . Ich kann nicht mehr . . .

JACOBOWSKY *um Marianne bemüht* Die unglück-
liche herzkranke Frau . . . Da sehen Sie, was Liebe
vermag . . . Wasser! Helfen Sie! . . . Ist Ihr Regi-
mentsarzt nicht in der Nähe? . . . Wo bleibt die
geschliffenste Höflichkeit zur französischen Bevölkerung? . . .

OBERLEUTNANT *jugendlich bestürzt* Ich bedaure
sehr, Gnädigste . . .

SZABUNIEWICZ *Stjerbinsky die Stirn streichend*
Sehn Sie, Herr . . . Ihrer Frau tut niemand etwas
. . . Ruhig, schön die Muskeln entspannen . . . Da
haben Sie Coco wieder . . . Zuhause gibts dann
eine pickfeine Injektion . . .

OBERLEUTNANT Dalli, dalli, Wärter! Liefern Sie
Ihren gemeingefährlichen Patienten schnellstens
in der nächsten Klinik ein!

JACOBOWSKY *feierlich* Das ist eben der wunde
Punkt, Herr Oberleutnant! Das Auto von Madame kann sein Ziel nicht erreichen, denn der

letzte Tropfen Essence ist ausgegangen. Es ist festgefahren wie ganz Frankreich. Nur Sie können dieser Französin ritterlich helfen . . .

OBERLEUTNANT Feldwebel! Füllen Sie mal ein paar Liter von unserm Erdfaltenausbruchsölersatz Gasigasol für die Dame ab!

FELDWEBEL Jawoll, Herr Oberleutnant! *Der Befehl wird eiligst ausgeführt.*

TOURIST *nachdenklich* Die Chose gefällt mir nicht . . . Der Mann gehört mindestens unter Beobachtung . . .

OBERLEUTNANT *mit Schärfe zum Touristen* Trotz bester Organisation hab ich in der Vorauseiltruppe, die i c h kommandiere, keinen Psychiater und keine Gummizelle . . . Sache der Quab . . . *Die Partei muß diesmal der Wehrmacht weichen. Sie tuts mit Zähneknirschen.*

TOURIST Sache der Quab . . . Alle bleiben am Dressierhalsband . . . *Schnell ab auf der Straße.*

FELDWEBEL Fertig, Herr Oberleutnant!

OBERLEUTNANT *kommandiert* Das Ganze — Kehrt! Aufsitzen! Richtung halbrechts durch den Wald zum weiteren Durchkämmen! *Entfernt sich der verdröhnenden Patrouille nach.*

Atemlose Erstarrung. Marianne faßt sich als erste, erhebt sich, geht schwebend auf Jacobowsky zu, küßt ihn. Jacobowsky knickt darauf zusammen und droht umzusinken.

MARIANNE Er wird ohnmächtig . . .

JACOBOWSKY *sich sofort ermannend* Schon vorüber . . . Zuerst hat einen der große Ichthyosaurus in den Krallen und, siehe da, er sächselt. Und dann bekommt man den Kuß seines Lebens! Das ist zu viel für einen nervösen Menschen ...

Das Gewitter, das schon lange fühlbar war, kommt näher.

MARIANNE Jacobowsky, mein Freund, was haben Sie getan ...

JACOBOWSKY *sehr erstaunt über sich selbst* Mein größtes Wunder, wahrhaftig! Ich hab wieder Essence bezogen, und diesmal direkt von der Hölle!

MARIANNE Sie haben mehr getan. Sie haben Ihrem großen Gegensatz das Leben gerettet!

OBERST STJERBINSKY *mit tief gesenktem Kopf* Er hat mich vernichtet. Szabuniewicz! Ich fühl mich wie eine unbegrabene Leiche. Selbst Coco ekelt sich vor mir ... *Er gibt Szabuniewicz das verzweifelt maulende Hündchen.*

MARIANNE Tadeusz! Freuen Sie sich doch Ihres Lebens! Es ist funkelnagelneu. *Sie dreht sich begeistert wie im Tanz* Ich freu mich, ja, ich freu mich ...

OBERST STJERBINSKY Und ich möchte gehn, mit allen Auszeichnungen an der Brust, gehn den Boches entgegen auf der Straße und mich selbst ausliefern ... *Dumpf zu Jacobowsky* Sie hätten schweigen können und ruhig zusehn, wie die Nazis mich verhaften oder töten ... Warum haben Sie nicht geschwiegen?

JACOBOWSKY Ich weiß nicht ... Inspiration ist alles ...

OBERST STJERBINSKY Wär ich Marianne, auf mein
Wort, ich würde mit Jacobowsky gehn und nicht
mit Stjerbinsky, dem Verrückten, dem Geschla-
genen, dem Halben! *Stark* Lassen Sie mich stehn!
Gehn Sie mit Jacobowsky, Marianne!

JACOBOWSKY Stjerbinsky, spielen Sie nicht mit dem
Feuer! Es ist sehr ernst. Ja, Marianne würde mit
Jacobowsky gehn, wenn Jacobowsky kein Troubadour wäre, sondern ein ›Wegnehmer‹, nach
Ihren Worten. Jacobowsky aber weiß zuviel. Jacobowsky ist ein Verlorner, wenn er vielleicht
auch am Leben bleibt, ein Emigrant auf dem ganzen Planeten. Soll er die Frau seines Herzens in
die Erniedrigung ziehen? Niemals! *Leise* Stjerbinsky ist kein Verlorner, Marianne . . .

MARIANNE *hat die Hände der beiden Männer ge-
faßt* Ihr Lieben, gebt euch die Hand, Ihr Lieben . . .

JACOBOWSKY *Auch das noch! Nein! Er reißt sich
los.* Hören Sie die Motormänner?! Sie durchkämmen den Wald und die Welt. Das nächstemal
bleiben wir im Kamm. Noch ein Tag. Und dann
kommt die Quab . . .

MARIANNE Was ist die Quab?

JACOBOWSKY *geheimnisvoll* Die Qu. — A. — B.!

MARIANNE Was ist die Qu. — A. — B.?

JACOBOWSKY Ich weiß nicht. *Er reicht ihr den Arm
und führt sie zum Auto.* Ich weiß nur, daß unsre
Wege sich trennen. Sie fahren mit ihm in diesem
Wagen nach Saint Jean-de-Luz, um ein Schiff zu
finden. Ich gehe das Stückchen nach Bayonne zu
Fuß, um meine Visa zu finden für die Brücke

nach Irun! Nehmen Sie Platz! *Marianne gehorcht wie hypnotisiert* Bringen Sie die Sachen in den Wagen, Szabuniewicz! *Szabuniewicz tut es.*

MARIANNE *ganz verstört* Ich verstehe Sie nicht. Was heißt das alles?

JACOBOWSKY das heißt ... Der Arzt hat mir Bewegung angeraten. Ich muß endlich etwas für meine Gesundheit tun ...

MARIANNE In diesem Gewitter und Regen?

JACOBOWSKY Im Regen wächst man, sagte meine Mutter zu uns Kindern ... *Er nimmt seine kleine Tasche aus dem Wagen* Ans Steuer, Oberst! ... Braver Szabuniewicz ... Und nun auf Nimmerwiedersehen, Marianne!!

MARIANNE Aber das ist doch unmöglich ... Überreden Sie ihn, Tadeusz!

JACOBOWSKY *grimmig* Kein Wort, Stjerbinsky, kein Wort! Ich möcht in diesem Leben Ihre Stimme nicht mehr hören! Los! ... Los! *Voll Qual* Los! Ich kann nicht länger ... *Stampft auf* Bremse, Gas, Stjerbinsky!!!

Blitz und Donner. Der Wagen setzt sich in Bewegung.

MARIANNE *sich umdrehend, ruft* Jacobowsky ...
Der Wagen verschwindet. Jacobowsky drückt den Hut in die Stirn, stellt den Rockkragen hoch, nimmt die Handtasche vom Boden.

JACOBOWSKY *mit einem zweifelnden Blick zum Wetterhimmel* Wächst man wirklich? ... *Er beginnt zu gehen.*

DES DRITTEN AKTES ERSTER TEIL

*Das Hafencafé ›Au père Clairon‹ zu Saint Jean-
de-Luz. Enges Lokal mit einigen Tischchen an der
Wand. Hinter der hohen französischen Bar han-
tiert Papa Clairon, der Wirt. Manchmal verschwindet er durch einen Vorhang in die Küche,
um eine Bestellung auszuführen. An der Bar lehnt
der Würfelspieler, ein Gentleman, der aufmerk-
sam mit sich selbst Würfel spielt, ohne den Vor-
gängen ringsum die geringste Beachtung zu schenken. Ein paar Gäste sitzen schweigsam an den
Tischen, schattenhaft vor Unheilsahnung. Nur
zwei kleine Kinder plappern manchmal, ein sechs-
jähriges Mädchen und ein achtjähriger Knabe, die
ihr Vater, der Witwer, unwillig zur Ruhe verweist.
Das große Billard steht in der Mitte des Raums.
Der tragische Herr spielt mit dem Unsterblichen
(de l'Académie Française) eine Partie. Jacobowsky
sitzt, den Kopf auf die Hände gelegt, so daß man
ihn erst später erkennt, in der Nähe jener beiden
Türen mit den großen Aufschriften ›Messieurs‹
und ›Dames‹. Er schläft. Neben ihm, in der gleichen Stellung, scheint ein Mann mit grauer Musi-
kermähne ebenfalls zu schlafen. Aus dem schlech-
ten Radio ertönt die hohle Stimme Maréchal Pé-
tains, immer wieder von Husten unterbrochen. —
Später Nachmittag, der gegen Ende in den Abend
übergeht.*

MARECHAL PETAIN Die Nation war ihrer Aufgabe nicht gewachsen ... Eheköchekunz ... Von politischen Scharlatanen, von gewissenlosen Geschäftemachern, von verbrauchten Männern und Ideen zum Abgrund geführt, ergriff sie nur zögernd die Waffen ... Ebochebochkichkich ... *Spricht und hustet weiter*

KLEINER JUNGE Ist das Monsieur Reynaud, Papa?

WITWER Schweig!

DER TRAGISCHE HERR *sein Spiel unterbrechend* Mein Kleiner! Das ist der liebe Großpapa mit dem eiskalten Herzen! Das ist der Verrat, der von Ehre spricht! Das ist der verschimmelte Sieg von vorgestern! Das ist leider noch immer ein Maréchal von Frankreich! Das ist Monsieur Pétain!

WÜRFELSPIELER *der gelassen einen Absinth nach dem andern vor sich hin trinkt* Noch einen Pernod, Clairon!

PETAIN Franzosen! Reißt euch los von einer frevelhaften Vergangenheit! Beteiligt euch am Aufbau eines neuen Europas ... Ehekechkachkoch ...

DER TRAGISCHE HERR Kann diesen unverwüstlichen Kadaver niemand zum Schweigen bringen?

CLAIRON *dreht das Radio ab* Ich kann es ...

DER UNSTERBLICHE *sanft, selbstgefällig, mit Haaren und einem Knebelbärtchen wie aus Weihnachtswatte* Er ist immerhin der Staatschef ... Ich würde vorsichtiger sein ...

DER TRAGISCHE HERR Die Vorsicht üben ja Sie, Allbewunderter, obwohl Sie als ›Unsterblicher‹

weniger Vorsicht nötig hätten als wir niedriges
Erdengewimmel . . .

DER UNSTERBLICHE Warum so bitter, mein Freund?
Hüten wir uns vor der Bitterkeit unsrer gallischen
Natur! Ich gestehe, ich bin in dieser Stunde doppelt stolz, zu jenen vierzig Männern zu gehören,
die einen Fauteuil unter der Kuppel der Académie Française innehaben. Man verleiht uns das
unbescheidene Adjektiv ›unsterblich‹ mit einigem
Recht, denn wir repräsentieren jenen Wert der
Nation, den ein Sieg nicht erhebt und eine Nie-
derlage nicht erniedrigt . . .

DER TRAGISCHE HERR Welcher Wert wäre das?

DER UNSTERBLICHE *einen schwierigen Ball hinterm
Rücken spielend* Der Geist, mein Freund . . .
Hoppla . . . L'esprit gaulois. . .

DER TRAGISCHE HERR Und was gedenkt der Geist
zu tun heute?

DER UNSTERBLICHE Der Geist lächelt einerseits
milde über den Lauf der Welt und stellt sich andrerseits auf den Boden der Tatsachen . . .

DER TRAGISCHE HERR Der Geist geht somit zu
Monsieur Pétain über . . .

DER UNSTERBLICHE Werden wir nicht bitter! Que
voulez-vous? Ich bin ein emsiger Autor, der
dreißig Werke zu Ehren der französischen Kultur
verfaßt hat.

DER TRAGISCHE HERR Und was wird Ihr einund-
dreißigstes Werk sein?

DER UNSTERBLICHE *eine graziöse Serie spielend*
Das bedarf kühnster Überlegung, mein Freund,

denn der Augenblick ist delikat. Man geht am besten historisch vor und wählt einen Standpunkt hoch über der Zeit. Ich plane ein Büchlein über ›Die provençalische Kochkunst unter den Päpsten in Avignon‹ . . .

DER TRAGISCHE HERR Da läuft einem ja das Wasser im Munde zusammen! Verzeihung, cher maître, könnten Sie nicht ebenso kulinarisch und noch um einen Schatten kühner sein? Wie wärs mit dem Thema: ›Aufschwung der französischen Kochkunst unter den hochindustrialisierten Kannibalen‹?

DER UNSTERBLICHE Ich begegne bei uns immer wieder dieser verhängnisvollen Unterschätzung der deutschen Kultur. Wo steht es geschrieben, daß wir uns immer nur auf den angloamerikanischen Krämergeist stützen müssen? Das germanische Element wars, das nach Roms Zusammenbruch Europa vom Keller zum First gebaut hat! Auch haben wir Zusicherungen aus Berlin empfangen, vom Führer persönlich, daß der französische Geist im neuen Europa gehegt und gepflegt werden soll . . .

DER TRAGISCHE HERR Wohl bekomms! Ich wünsche Ihnen ein unangenehmes Erwachen!

DAS KLEINE MÄDCHEN Wann gehn wir nach Haus, Papa?

WITWER Schweig! Wir haben kein Zuhaus vorläufig . . .

DER UNSTERBLICHE Wünschen Sie nicht weiterzuspielen?

DER TRAGISCHE HERR Sie sind mir auch im Billard
zu überlegen, cher maître . . .

DAS KLEINE MÄDCHEN *auf einen prähistorischen
Musikautomaten in einer Ecke zeigend* Darf ich
Geld in die Musik werfen, Papa?

WITWER Heute gibts keine Musik.

DER TRAGISCHE HERR *leise zu Clairon, der ihm ein
Bier serviert* Wer ist dieser Bursche dort mit dem
Pernod?

CLAIRON Ich kümmere mich nicht um Politik . . .

DER TRAGISCHE HERR *zwischen den Zähnen* Also
Gestapo . . . Wie ist das Wetter draußen?

CLAIRON Ich kümmere mich nicht um Politik . . .

DER TRAGISCHE HERR Also doppelt Gestapo . . .

CLAIRON *laut* Komisches Wetter heut! November-
nebel im Hochsommer!

DER TRAGISCHE HERR Der Kerl schaut nicht aus wie
ein Deutscher . . .

CLAIRON *indem er den Tisch sauber wischt, an den
sich der tragische Herr gesetzt hat* Ein Amerikaner vielleicht . . .

DER TRAGISCHE HERR Woher wissen Sie das?

CLAIRON Er hazardiert seit Stunden mit sich selbst.
Und zwar per Kassa! Dazu ist nur ein Amerikaner imstande! *Geht hinter die Bar*

DER TRAGISCHE HERR Camouflage!

WÜRFELSPIELER Einen Pernod, Clairon!
*Jacobowsky hebt den Kopf. Er sieht todmüde
aus und übernächtig.*

JACOBOWSKY Einen schwarzen Kaffee, Clairon, arrosé mit Rum. Ich habs nötig für meine ›Morale‹ . . .

DER TRAGISCHE HERR *stutzt, Jacobowsky erblikkend* Ist das nicht der sonnige Günstling Madame Bouffiers aus dem Hotel ›Mon Repos et de la Rose‹? Sehr sonnig sehn Sie nicht aus . . .

JACOBOWSKY Sie sind erstaunlich weit gekommen, Monsieur, zu Fuß! Aber Paris haben Sie doch nicht mitgebracht!

DER TRAGISCHE HERR *grandios* Überall, wo i c h bin, ist Paris!

CLAIRON *kommt mit dem Kaffee* Und der andre Herr? Wird er nicht einen Kaffee arrosé brauchen? Schläft schon eine Stunde mindestens . . .

JACOBOWSKY *tippt seinen schlafenden Nachbarn leise auf die Schulter* He, Kamnitzer . . . Doktor Kamnitzer . . . Lassen wir ihn schlafen! Er hat nicht m e i n e Natur. Wir haben die letzten drei Tage und Nächte gemeinsam in der Schlange von Tausenden vor den Konsulaten gestanden. Und der Arme ist doch ein Genie . . .

DER TRAGISCHE HERR Der?!

JACOBOWSKY Haben Sie nie gehört von Generalmusikdirektor Siegfried Kamnitzer, Bückeburg? . . . Sie sollten ihn sehn, wenn er Beethovens Neunte dirigiert: halb Napoleon auf der Brücke von Arcole und halb der Heilige Dominikus von Greco . . . Ja, ja, die deutsche Musik, die herrliche . . .

DER TRAGISCHE HERR *auf den Tisch schlagend* Fluch Beethoven und Wagner! Fluch der deutschen Musik! Sie ist die erhabene Artilleriebarrage, durch die unsre Seelen weichgeklopft wurden für die wirklichen Panzerdivisionen!

JACOBOWSKY Ich habe mehr gelitten als Sie . . . Den Verstand aber sollte man nicht verlieren . . .

DER TRAGISCHE HERR *mürrisch* Und was suchen Sie in diesem Nest, wo selbst der Ozean Provinz ist?

JACOBOWSKY Ich weiß nicht. Irgendeine Art des Endes!

DER UNSTERBLICHE *am Nebentisch in Zeitschriften blätternd* Der Mensch kommt ohne Lächeln auf die Welt. Er verläßt sie ohne Lächeln. Und dazwischen . . .

JACOBOWSKY Und dazwischen braucht er einen Paß –

DAS KLEINE MÄDCHEN Darf ich Geld in die Musik werfen, Papa?

WITWER Da hast du fünf Sous, damit endlich Ruhe ist . . .

Das kleine Mädchen läuft zum Automaten.

DER TRAGISCHE HERR Haben Sie keinen Paß?

Während Jacobowsky spricht, versammeln sich neugierige Gäste um ihn.

JACOBOWSKY Oh, ich hatte in Bayonne für mich und Kamnitzer zwei kostbare Pässe eines exotischen Ländchens erworben. Einige Staaten aber liegen zwischen mir und meinem vermutlich reizenden neuen Vaterland. Um sie zu durchqueren, bedürfen wir ihrer Visa, der Visa von Transitania Numero eins, Numero zwei, Numero drei . . .

DAS KLEINE MÄDCHEN *läuft jammernd an Jacobowskys Tisch* Ich kann nicht hinauf . . . Ich bin zu klein . . .

JACOBOWSKY Das ist einer der wenigen Fälle, wo sich etwas tun läßt ... *Er hebt die Kleine zum Automaten hoch. Sie wirft das Geldstück ein. Das Werk rasselt heiser und schnappt plötzlich ab ohne zu funktionieren* Es läßt sich doch nichts tun ... So gehts heute mit all unsern Hoffnungen, ma petite ... *Die Kleine läuft weinend zu ihrem Vater.*

DIE GÄSTE *währenddessen ungeduldig zu Jacobowsky* Nun?! Was war mit Ihren Visa? Sagen Sie ...

JACOBOWSKY Transitania Numero eins, Numero zwei, Numero drei ... Kamnitzer könnte Ihnen das besser erzählen, mit seiner Phantasie ... Transitania eins gibt die Erlaubnis zur Durchreise nur dann, wenn Transitania drei und zwei sie vorher erteilt haben. Ich schlug mich wie ein Löwe für mich und Kamnitzer. Doch immer, wenn ich das Visum eines Transitanias erkämpft hatte, wurden die andern für ungültig erklärt. Ein Karussell der Vergeblichkeit! Endlich gelang es mir durch eine Wundertat von Nummer drei bis zu Nummer eins vorzustoßen. Schon prangten alle Stempel auf unsern Pässen. Schon sah ich mich über der Grenze, da ...

DIE GÄSTE Da wurde die Grenze gesperrt ... Wie?

JACOBOWSKY Nein! Da wurde der Konsul Nummer eins wahnsinnig. Er fand den Sommer 1940 zu kalt und die Arbeit zu übertrieben. So zündete er ein behagliches Feuer in seinem Kamin an und warf all unsere Pässe und Dokumente hinein.

Und er rief: »Heil Hitler! Ich heize mit Menschen!« Und er h a t mit Menschen geheizt. Denn
was ist ein Mensch ohne Papiere? Nackter als
ein Neugeborener, nein, nackter als ein Skelett
unter der Erde! Wobei das Skelett den Vorzug
hat, nicht mehr getötet werden zu können . . .
Nicht wahr, Kamnitzer?

DER TRAGISCHE HERR Ihr Freund da hat keinen ge-
sunden Schlaf, scheints . . .

JACOBOWSKY *stößt seinen Nachbarn, rüttelt ihn,
endlich hebt er seinen Kopf auf, der haltlos nach
hinten sinkt* Kamnitzer! . . . Hören Sie! . . . Kommen Sie zu sich! . . . *Er nimmt ein Fläschchen mit
Tabletten vom Tisch, das halb geleert ist* Ach
so . . . Ist es das, Kamnitzer? . . . Sie waren ungeduldig . . .

DIE GÄSTE *betreten* Was ist geschehn? . . . Einer
hat sich umgebracht . . . Ein Musiker . . . Wegen
der verbrannten Pässe . . . Man sollte einen Arzt
holen . . .

JACOBOWSKY *über den Toten gebückt* Man muß
keinen Arzt mehr holen . . .

CLAIRON Was gibt es da . . . Wer macht mir wieder
Ungelegenheiten? . . . Hm, hm . . . Bitte ihn nicht
anrühren . . .

WITWER *der, wie alle andern, bis auf den Würfelspieler, aufgestanden ist, preßt seine Kinder an
sich* Dreht euch nicht um! . . . Nicht hinschauen,
Kinder!

DER UNSTERBLICHE Er hat wirklich die Züge des
Genius . . .

JACOBOWSKY Vielleicht hört er Musik ... Er sieht so aus ... Kamnitzer, hoffentlich brauchen Sie dort keine Visa... *Er zieht aus seiner Brusttasche ein seidenes Tuch und bedeckt das Gesicht des Toten. Ein langer schriller Pfiff draußen.*

DER TRAGISCHE HERR Was bedeutet das?

CLAIRON *zu Tode erschrocken, an der Tür* Razzia!

DIE GÄSTE *hysterisch zum Ausgang drängend* Razzia! Razzia ... Die Camions! ... Sie verhaften wieder Geiseln ... Vielleicht kommen wir noch fort ... Clairon, die Rollbalken herunter!

CLAIRON Darf ich nicht ...

EINZELNER AUFSCHREI Sie erschießen Geiseln ... Hinauslassen!

Viele Gäste werfen sich gegen die Tür.

CLAIRON Draußen ist es dasselbe ...

Alles erstarrt. Plötzliche Totenstille. Man hört das ratternde Vorfahren eines Lastautos. Das kleine Mädchen weint.

DER JUNGE Wein nicht! Das ist doch sehr interessant!

JACOBOWSKY *höflich in die tiefe Stille hinein zum Toten* Entschuldigen Sie, bitte! *Er geht langsam durch die Tür ›Dames‹ ab.*

DAS KLEINE MÄDCHEN *immer lauter heulend* Papa ... Papa ...

Die Tür des Cafés wird aufgerissen. Eintritt der Commissaire Spécial de la Police, ein dicker verlegener Mann mit schwitzender Glatze. Dicht

hinter ihm der Gestapobeamte in schwarzer Uni-
form, vormals der Tourist. Zwei SS-Männer
flankieren die Tür, zwei französische Polizisten
leisten dem Commissaire Hilfe.

COMMISSAIRE Ich bitte, kein Aufsehn zu machen
und keinen Widerstand zu leisten! Bewahren Sie
Ihre Besonnenheit, Messieurs-Dames, es hilft
nichts, Sie müssen mit. Je schneller, desto besser!
Einer nach dem andern.

DIE GÄSTE *indem sie von den Polizisten abgeführt*
werden Was heißt das? . . . Ich hab doch nichts
angestellt . . . Ich bin hundert Prozent en règle . . .
Ich bin Franzose und dies ist mein Land . . .

COMMISSAIRE *flüstert* Was wollen Sie von mir? Ich
bin unschuldig. Ich werde gezwungen . . .

CLAIRON *zum Commissaire* Ein Selbstmörder . . .
Dort . . .

COMMISSAIRE *zur Gestapo* Ein Selbstmörder . . .
Dort . . .

GESTAPO Na, und?

COMMISSAIRE Der Siebzehnte heute nachmittag . . .
Soll der Fall untersucht werden?

GESTAPO Nee! Wir haben tote Juden liebend gern
. . . Lassen Sie das dort hinausschaffen!

COMMISSAIRE In den Camion mit den andern?

GESTAPO Soll ich vielleicht Mercedes Compressor
der Quab vorfahren lassen? *Der Commissaire*
winkt. Der Tote wird schnell hinausgetragen
Weiter! Weiter!

COMMISSAIRE *zum Witwer mit den Kindern* Bitte,
Monsieur! Halten Sie uns nicht auf!

WITWER Meine Kinder sind sechs und acht Jahre alt ... Ihre Mutter ist gestorben. Wo soll ich meine Kinder lassen?

COMMISSAIRE *zur Gestapo* Er fragt, wo er seine Kinder lassen soll ...

GESTAPO Werden ihm Kindergarten zur Verfügung stellen mit Planschbecken und Hutschepferdchen ... Weiter ... *Vater und Kinder werden abgeführt* Na, wirds?! *Er deutet auf den Würfelspieler, der völlig unbeteiligt weiterspielt und trinkt.*

COMMISSAIRE Machen Sie mir keine Schwierigkeiten, Monsieur! *Der Würfelspieler legt seinen Paß auf den Bartisch ohne vom Spiel aufzusehen. Commissaire zur Gestapo* Eigenes Laissez passer der Waffenstillstandskommission in Wiesbaden ...

GESTAPO *wirft einen Blick auf das Papier* Donnerwetter! Danke sehr! Heil Hitler!

WÜRFELSPIELER *gleichgültig* Clairon, einen Pernod!

DER UNSTERBLICHE *am Tisch sitzend, zum tragischen Herrn, der dasteht, als wolle er dem Commissaire an die Gurgel springen* Ruhe, mein Freund! Nehmen Sie sich an der Gelassenheit eines Historikers ein Beispiel!

COMMISSAIRE *zum tragischen Herrn* Wir kennen uns aus Paris, Monsieur ... Es tut mir leid ...

DER TRAGISCHE HERR *zischt* Leider kenne ich zu viele Verräter und politische Bettnässer!

COMMISSAIRE Ich handle im Namen des Marschalls und muß die Herren bitten ...

DER UNSTERBLICHE Commissaire! Sie kennen mich. Mein Bild ist allbekannt. Ich bin Mitglied der Académie.

GESTAPO Was salbadert der Jubelgreis? Macht sich wohl mausig ...

COMMISSAIRE Er ist Mitglied der Académie Française ...

GESTAPO Was ist das für ein Kegelklub? Um so schlimmer für ihn ...

DER UNSTERBLICHE Herr Abetz und andere Spitzen des deutschen Geisteslebens haben mir ihre Verehrung ausgedrückt ...

GESTAPO Das alles kann der putzige Weihnachtsmann später der vorgesetzten Stelle vorquatschen ... Machen Sie ihm Beine!

DER TRAGISCHE HERR *hohnlachend* Soll ich mir noch immer ein Beispiel nehmen, cher maître?

COMMISSAIRE Allons, Messieurs!

DER UNSTERBLICHE Es sei denn! Machen Sie sich jedoch klar, daß Sie einen Unsterblichen verhaften!

GESTAPO Was sagt er?

COMMISSAIRE Er sagt, daß er unsterblich ist ...

GESTAPO Na, vielleicht bekommt er noch Gelegenheit, das zu beweisen!

DER TRAGISCHE HERR *während er mit dem Unsterblichen hinausbefördert wird, zum Würfelspieler* Haben Sie genug Fliegen gefressen, Sie ...

WÜRFELSPIELER *mit höchstem Phlegma* Warum gerade Fliegen?

DER TRAGISCHE HERR Weil Sie eine Spinne sind! *Spuckt aus und fliegt mit einem Fußtritt aus der Tür.*

COMMISSAIRE Sie können bleiben, Clairon . . .

GESTAPO Werfen Sie noch einen Blick auf den Abtritt!

COMMISSAIRE *öffnet die Tür* ›Messieurs‹ Niemand!

GESTAPO Ist gut! *Strammer Hitlergruß vor dem Würfelspieler. Dann ab mit Commissaire und Polizisten*

WÜRFELSPIELER Sie kennen alle Leute hier, Clairon, Einheimische und Réfugiés? Wie?

CLAIRON *während er die Tür- und Fensterläden des Lokals schließt* Ich bin ein harmloser Bürger, Monsieur. Ich kenne keine Einheimischen und keine Réfugiés. Ich habe nie einer Partei angehört. Ich mische mich nicht in Politik. Ich habe diesen Krieg nicht gewollt . . . *Zündet zwei Kerzen an* Elektrisches Licht ist verboten wegen Verdunkelung . . .

WÜRFELSPIELER Möchten Sie den Mann auf der Damentoilette nicht erlösen, Clairon?

CLAIRON *seufzt auf* Soll der den andern nachgeliefert werden?

WÜRFELSPIELER *lacht stumm, ohne einen Gesichtsmuskel zu bewegen* Glauben Sie wirklich, ich fange Fliegen wie dieser subalterne Idiot von der Gestapo? In Wiesbaden interessiert man sich nicht für Fliegen . . .

CLAIRON *ruft in die gewisse Tür* Kommen Sie heraus, Herr . . . Sie haben Glück . . .

JACOBOWSKY *hervortretend* Nennen Sie nicht Glück, mein Gönner, was das Resultat wissenschaftlicher Beobachtung und Spekulation ist. Als Vielverfolgter hab ich herausgefunden, daß männliche Wesen, selbst wenn sie der Polizei angehören, eine unbewußte Scheu empfinden, die ›Für Damen‹ reservierte Örtlichkeit zu betreten. Diese neue psychologische Entdeckung hat mir schon zweimal das Leben gerettet. *Es wird draußen heftig geklopft* Vielleicht sogar noch ein drittes Mal . . . *Zieht sich schnell zurück, von wo er gekommen.*

CLAIRON *an der Eingangstür, barsch* Gesperrt!

FRAUENSTIMME *draußen* Sie können einen blinden Mann nicht fortweisen bei diesem Nebel!

CLAIRON Ein blinder Mann kann auch im Nebel nicht besser sehn!

FRAUENSTIMME Sprech ich mit Père Clairon? Wir sind hierher empfohlen.

CLAIRON *wütend* Niemand ist hierher empfohlen! Ich weiß von nichts. Ich will mit nichts zu tun haben . . . Scheren Sie sich fort!

WÜRFELSPIELER *der sich das erstemal zu seiner vollen Höhe erhebt* Sie werden öffnen, Clairon! Ein blinder Mann! Ich jage seit zwei Tagen nach einem blinden Mann . . .

Es klopft noch heftiger.

CLAIRON *ruft* Warten Sie!

WÜRFELSPIELER Kann ich in Ihre Küche gehn?

CLAIRON Was wollen Sie in der Küche?

WÜRFELSPIELER Mir einen Grog brauen nach eige-
nem Rezept! Haben Sie Arac?

CLAIRON Nur deswegen, Monsieur . . . ?

WÜRFELSPIELER Dann möcht ich auch ein bißchen
zusehn, ob der blinde Mann wirklich blind ist . . .
Geht in die Küche.

CLAIRON Und das alles in meinem Café! *Er öffnet
die Tür mit einem schweren Seufzer* Es wäre besser für Sie, nicht hereinzukommen! *Marianne
und Oberst Stjerbinsky treten ein. Marianne
führt den Obersten am Arm, der eine schwarze
Brille trägt und einen weißen Stock und ohne
jedes mimische Talent den Blinden simuliert.
Clairon stellt eine Kerze auf den Tisch* In zwanzig
Minuten beginnt couvre-feu . . .

OBERST STJERBINSKY *mit hohler Stimme* Für mich
ist immer couvre-feu . . . Einen heißen Tee der
Dame! Und mir Ihren ältesten Cognac. Dazu ein
Wasserglas . . .
*Clairon geht mit einem herzzerbrechenden Seuf-
zer in die Küche, um die Bestellung auszuführen.*

CLAIRON *während er den Vorhang öffnet* Er ist
wirklich blind . . .

OBERST STJERBINSKY Sie sehen, alles Unsinn, kein
Mensch in diesem Loch! Und wie soll ein Schiff
der Alliierten liegen in einem Hafen, den die
Boches besetzt haben? . . . Unsinn, Unsinn . . .

MARIANNE Die Dame, die mir den Zettel zuge-
steckt hat, ist . . .

OBERST STJERBINSKY *unterbrechend* Also was für eine
Person? Ein Priester? Eine Frau? Ein Einarmiger?

MARIANNE Vielleicht ein Einarmiger! Eine Person mit einem grauen Handschuh!

OBERST STJERBINSKY Gerüchte! Nichts als Gerüchte! Gerüchte sind schlimmer als ein Angriff von Stukas . . .

MARIANNE Ich wundre mich über Sie, Tadeusz Boleslav . . . So leicht geben Sie den Kampf auf . . . Sie, ein Herr des Lebens?

OBERST STJERBINSKY Das ist nicht Stjerbinskys Kampf! Das ist Jacobowskys Kampf! Jacobowsky ist der Herr dieses Lebens . . .

MARIANNE *in die Ferne starrend* Jacobowsky . . .

OBERST STJERBINSKY Ich bin gesunken von Stufe zu Stufe. Zuerst verrückt! Jetzt blind! Und morgen vielleicht gelähmt! Meine Seele hat Schuppenflechte. Wenn der Concierge mich anschaut, schau ich weg! Wenn es klopft, erschrecke ich. Wenn die Nazis über den Platz marschieren, bekomm ich Herzklopfen: Ich! Ich! Ich bin angesteckt mit der Angst der Niedrigen und Verfolgten. Jacobowsky hat mich infiziert . . . Ich hänge am Leben . . .

MARIANNE Habe ich Ihnen nicht verboten, seinen Namen immer wieder zu nennen? . . . Der Gedanke an ihn drückt mir das Herz ab . . . Wo mag er sein? . . . Wir hätten ihn niemals . . .

OBERST STJERBINSKY Der braucht uns nicht. Der ist längst über die Grenze. Der sitzt in Lissabon. Der baut bereits an seiner Existenz Nummer sechs oder sieben . . .

MARIANNE Gebe es Gott! . . .

OBERST STJERBINSKY Ich aber bin nicht einmal Jacobowsky. Die Freiheitskämpfer haben gewählt den schlechtesten von Pilsudskys Obersten. Ich bin kein Soldat mehr. Ich bin ein nervöser Mensch... Ich habe die Lust verloren, zu kämpfen ...

MARIANNE *aufflammend* Und ich, ich habe Lust bekommen, zu kämpfen. Ich möchte jedem dieser rundgeschorenen Teufel an die Gurgel! Ich möchte Brücken sprengen und Geleise! Ich möchte schreien den ganzen Tag ...

CLAIRON *kommt mit den Getränken* Man sollte leise reden in dieser Zeit ...

OBERST STJERBINSKY Warum? ... Es ist ja niemand hier ...

CLAIRON Bin ich niemand? *Ab*

OBERST STJERBINSKY Und das Schlimmste! Ich bin entwürdigt vor Ihnen, Marianne, in meiner Schwäche ...

MARIANNE Nichts kann hübscher sein als die Schwäche eines starken Mannes ...

OBERST STJERBINSKY In Paris! Erinnern Sie sich? Wo ist der Stjerbinsky hin von Paris?

MARIANNE Wo ist die Marianne hin von Paris?

OBERST STJERBINSKY Tränen? *Mißtrauisch* Weinen Sie um Jacobowsky?

MARIANNE Ich weine um Frankreich ...

OBERST STJERBINSKY Ich denke immer weniger an Polen. Sie denken immer mehr an Frankreich ... Marianne! Schlimmer als das Schlimmste ist, daß ich Sie liebe. Es ist meine erste Liebe! *Stürzt nieder vor ihr und birgt den Kopf in ihrem Schoß*

Ich hänge an Ihnen mehr mit Liebe als an meiner
lieben Frau Mutter . . . Sie aber sollten mich verlassen! Denn ich kann Ihnen keinen Beweis geben
meiner Liebe. Sie sollten zu Ihrer Schwester gehen nach Nîmes . . .

MARIANNE *streichelt seinen Kopf* Ich werden Sie
nicht verlassen . . . Solange Sie mich brauchen . . .

OBERST STJERBINSKY *hebt argwöhnisch den Kopf*
Nur solang ich Sie brauche . . .

MARIANNE *immer sein Haar streichelnd* Ich bin
mit Ihnen auf diese Flucht gegangen wie auf eine
frivole Reise. Jetzt habe ich erfahren, was alles
mit uns Menschen geschehen kann . . . Früher
haben andre für mein Leben die Verantwortung
getragen. Jetzt fühle ich mich verantwortlich für
I h r Leben . . . In Saint Cyrill war ich nur verliebt. Jetzt l i e b ich Sie, Tadeusz . . .

OBERST STJERBINSKY *aufspringend* Und ich hab geglaubt, daß Sie mich verachten! Marianne . . .
Wenn ich überlebe, Marianne *er zieht sie hoch*
wollen Sie werden vor Gott und Menschen
meine . . . *Er schweigt plötzlich.*
*Der Würfelspieler ist in den Raum getreten, im
Kerzenlicht einen langen Schatten werfend. Er
hält die Hände in den Taschen.*

WÜRFELSPIELER Was hat Monsieur für einen Akzent . . .? Es interessiert mich . . . *Geht langsam
auf Stjerbinsky zu, der völlig erstarrt ist* Ohne
Zweifel ein slawischer Akzent . . . Polnisch vielleicht? *Oberst Stjerbinsky hebt langsam einen
Revolver gegen die Brust des Gegners. Der Wür-*

*felspieler zieht ohne Eile die Hände aus den Ta-
schen und hebt sie ein bißchen hoch. Die eine
Hand ist grau behandschuht. Er dreht sich phleg-
matisch nach Clairon um, der zwischen dem Kü-
chenvorhang aufgetaucht ist* Clairon! Das Wasser
kocht. Bleiben Sie draußen, bis es verdunstet ...

MARIANNE *schreit leise auf* Der Mann mit dem
grauen Handschuh!

WÜRFELSPIELER Der blinde Mann mit der schwarzen Brille ... *Stjerbinsky läßt den Revolver sinken* Also, besonders blind schauen Sie nicht aus,
Oberst Stjerbinsky ...

OBERST STJERBINSKY Wenn ich jetzt spreche, gebe
ich Ihnen mein Leben ...

WÜRFELSPIELER Ach so? Nehmen Sie meines zuerst! *Geht mit Stjerbinsky nach vorn. Spricht
rasch und trocken* Commander Wright von Seiner Majestät Flotte! Wir haben einen Funkspruch
aus London, der Sie betrifft. Auf einer unsrer
kleinen Corvetten, die sich draußen in der Bucht
verborgen hält, befinden sich schon elf englische,
polnische, tschechische Offiziere, die ich pflicht-
gemäß in den letzten Tagen aufgespürt und an
Bord gebracht habe. Nur mehr zwei Plätze waren
noch übrig. Der andre Herr aber scheint leider in
eine Falle gegangen zu sein. Ich kann nicht länger
warten. Das Wetter ist verdammt günstig ...

OBERST STJERBINSKY Ich bin nicht allein ... Mich
begleitet ...

WÜRFELSPIELER Ihre Frau! Die Reise wird für Madame kein Genuß werden... Somit bin ich kom-

plett. Brechen wir ab! Der Wirt ist zuverlässig,
die französische Polizei aber hat mich gewarnt...
Um vier Uhr morgens pünktlich werden Sie an
Môle de Nivelle stehn! Noch sind die Boches
nicht völlig etabliert. Der Nebel hilft. Und die
französische Hafenwache auch ... Zu niemandem ein Wort! Sie und Ihre Frau! Wenn
Ihnen Ihr Leben lieb ist ... *Laut* Clairon, l'addi-
tion!

CLAIRON *kommt mit einem Zettel* Ein Grog! Sechs
Pernod! Drei Vermouth mit Bitter und ein Bis-
kuit ...

OBERST STJERBINSKY *murmelt bewundernd* Sechs
Pernod ...

*Der Würfelspieler hat gezahlt. Clairon öffnet
die Tür.*

WÜRFELSPIELER Bon soir ... *Ab*

MARIANNE Tadeusz! Gerettet!

OBERST STJERBINSKY *wieder der Alte, reißt die
Brille von den Augen und zertritt sie* Ich bin
nicht mehr blind ... Ich bin nicht mehr blind ...
Stjerbinskys Glück!

MARIANNE *zornig* Sie sind blind und werden es
bleiben ...

OBERST STJERBINSKY Sie haben recht, Marianne...
Ich verdiene Stjerbinskys Glück nicht ... *Schlägt
ein feierliches Kreuz* Ich danke Ihnen, heilige
Mutter Gottes von Czenstochau, die ich um meinen Hals trage, für diese große Gnade ... *Er
breitet die Arme aus* Und Ihnen, Marianne,
meine Frau ...

WÜRFELSPIELER *zurückkommend, reißt die Tür auf,*
ruft Clairon! Vergessen Sie den Mann nicht, der
draußen sitzt . . . *Ab*

CLAIRON *an die gewisse Tür klopfend* Sie werden
Ihr Schiff versäumen, Monsieur . . .

JACOBOWSKY *erscheint im Lichte seiner kombinier-*
ten Taschenlampe So ist der Mensch . . . Ich habe
auf dem Damenbrett friedlich geschlafen, als wär
ich schon tot . . . Glücklicher Kamnitzer . . .

MARIANNE UND OBERST STJERBINSKY *aus einem*
Mund Jacobowsky!

JACOBOWSKY Marianne! *Pause tiefer Verwirrung*
Und ich sehe Sie doch noch einmal! *Versuch, hei-*
ter zu sein Seien Sie nett, bitte, und wundern Sie
sich ein bißchen, daß ich noch lebe . . .

MARIANNE *preßt seine Hände* Um Himmels willen! Sie noch in Frankreich?! Oh, ich habs gefürchtet . . . Warum . . .

JACOBOWSKY Warum? Ich habe mein Konto bei
Gott überzogen. Fünfmal fliehen? Das ist zu
viel für e i n Leben!

MARIANNE Auch S i e geben auf? . . . Wie der
Oberst . . . Ist wirklich kein Mann ein Mann?

JACOBOWSKY Ich gebe nicht auf . . . Ich will nur
alles tragen, ohne zu zappeln . . . Ich habe etwas
gesehn und erlebt vorhin . . .

MARIANNE Ich habe einen Camion gesehn vorhin,
auf dem sie harmlose Menschen verschleppten!
Ich habe erlebt, wie sie aus meinem kleinen Hotel
alle Juden herausholten und die Eltern von den
Kindern trennten! Meine Ohren gellen noch von

dem Jammer... Ginette hat Nachricht. Sie kommt hierher. Ginette ist die Energie und Schlauheit selbst. Sie wird Sie über die Demarkationslinie der Deutschen ins Innere schmuggeln...

JACOBOWSKY Naive Träume, Marianne... Für mich gibt es nurmehr eine einzige Demarkationslinie, die ich zu überschreiten habe...

OBERST STJERBINSKY Eine einzige?... Sie hatten doch immer zwei Möglichkeiten... Mir geht im Kopf herum die Litanei...

JACOBOWSKY Es ist keine Litanei, Colonel, sondern eine Ballade. Die Schauerballade von der ›Situation‹ eines freimütigen und wohlwollenden Europäers im Sommermonat des Jahres... *Der Musikautomat beginnt zu rasseln und mit dünnem Zirpen ›La Paloma‹ zu spielen.*

OBERST STJERBINSKY Was ist das?

JACOBOWSKY Eines der kleineren Wunder! Ein Kind hat vorhin fünf Sous eingeworfen. Und der Automat hat sichs überlegt bis jetzt. Armes Kind... Wollen Sie gnädigst meinen Schwanengesang hören, Madame Marianne... *Verbeugt sich tief vor Marianne, legt die Hand aufs Herz und beginnt in der monotonen Art eines Wiegenliedes* Dies sind die zwei Möglichkeiten immer wieder des umherirrenden Jacobowsky. Entweder sperren die Franzosen besagten Jacobowsky ein, weil er keine Papiere hat, oder sie liefern ihn den Nazis aus. Sperren die Franzosen ihn ein, das ist doch gut! Liefern sie ihn den Nazis aus, dann gibt es zwei Möglichkeiten. Entweder stecken die Nazis besagten Jacobowsky in das Schreckenslager von Gurs oder sie verschleppen ihn mit hunderttausend andern nach Polen. Stekken sie ihn in das Schreckenslager von Gurs, das ist doch gut! Verschleppen sie ihn nach Polen, da gibt es zwei Möglichkeiten. Entweder bringen. die Nazis besagten Jacobowsky schnell um oder sie quälen ihn langsam zu Tode. Bringen sie ihn schnell um, das ist doch gut. Quälen Sie ihn langsam zu Tode, da gibt es zwei Möglichkeiten. Entweder sie scharren ihn lebendig ein bis zum Kopf . . .

MARIANNE *hält sich die Ohren zu* Genug! Still! Ich kann es nicht ertragen. Das wird nicht geschehn . . . Tadeusz, es ist an Ihnen zu reden . . .

OBERST STJERBINSKY. *mit geschlossenen Augen* Schweigen Sie, Marianne! Etwas steigt in mir auf . . .

JACOBOWSKY Ich habs nicht gern, wenn etwas in Ihnen aufsteigt, Colonel . . .

OBERST STJERBINSKY Ihr Glaube ist d o c h falsch, Jacobowsky . . .

JACOBOWSKY Ich weiß schon . . .

OBERST STJERBINSKY Nichts wissen Sie! Sie glauben, man kann Gott und das Leben ausrechnen. Man kann's nicht . . .

JACOBOWSKY Gott und sein Leben sind die Mathematik selbst! Nur wir sind schlechte Rechner!

OBERST STJERBINSKY Falsch! *Leise und tief* Es gibt eine d r i t t e Möglichkeit für Sie, Jacobowsky!

MARIANNE *freudig* Ja, Tadeusz, die gibt es! Und
jetzt weiß ich, warum ich auf Sie gewartet habe
in Saint Cyrill!

CLAIRON *die Tür weit öffnend* Couvre-feu, Messieurs-Dames...

MARIANNE Sehn Sie doch! Was für ein schwarzer
Nebel!

Alle haben sich erhoben.

JACOBOWSKY *mit zweifelnder Gebärde* Wo gäbe
es eine dritte Möglichkeit für mich?

OBERST STJERBINSKY *zeigt hinaus* Dort draußen
im Nebel, Jacobowsky! In Gottes schwarzem
Nebel! Kommen Sie... *Zu Clairon, auf Jacobowsky zeigend* Er zahlt...

DES DRITTEN AKTES ZWEITER TEIL

*Môle de Nivelle in Saint Jean-de-Luz. Steindamm
in der Nähe des alten Hafens. Am Ende des Dam-
mes versendet eine blau angestrichene Bogenlampe,
die hin und her schwankt, ihr seltsames Licht. Im
weißlichen Nebel der späten Nacht nimmt man die
Silhouetten verfallener Speicherhäuser und die
Masten von Fischerbarken wahr. Manchmal ent-
schleiert sich ein Halbmond im zerreißenden Ne-
beldampf. Rhythmisches Anschlagen der Brandung gegen den Granit. — Jacobowsky und Szabuniewicz sitzen auf einer Landungstreppe, die tief
in den Damm eingeschnitten ist und gute Gelegenheit zum Versteck bietet.*

JACOBOWSKY Und Sie wissen wirklich nicht, Szabuniewicz, warum Sie seit einer Stunde schon hier sitzen . . .

SZABUNIEWICZ Befehl ist Befehl . . . Ich denk nicht nach darüber . . .

JACOBOWSKY Aber ich denk nach . . . Man sagt mir »Vier Uhr früh, Môle de Nivelle!« Schluß! Es ist couvre-feu. Wer auf der Straße erwischt wird, na . . . Und ich sträflicher Optimist falle dem Narren wieder herein und riskiere mein Leben auf Indianerpfaden hierher . . . Wer mir das vor vierzehn Tagen gesagt hätte!

SZABUNIEWICZ Warum haben Sie uns mitgenommen, der Herr, von Paris? . . .

JACOBOWSKY Die Frage hat Hand und Fuß! Zur Erklärung unsrer unerklärlichen Eseleien bemühen wir meist die Prädestination . . . Was wollen Sie mit dieser Hutschachtel und Handtasche?

SZABUNIEWICZ Das ist unser ganzes Gepäck. Mehr haben wir nicht . . .

JACOBOWSKY Unser?

SZABUNIEWICZ Ich bin jetzt Eigentum von Madame . . . Der Oberst hat gesagt vorgestern, weil er erniedrigt ist, gebührt ihm kein Kastellan mehr . . .

JACOBOWSKY Und Madame hat Sie angenommen?

SZABUNIEWICZ Mag sein . . . Der Oberst hat nichts mehr als seine Geige . . .

JACOBOWSKY Sie sind doch kein dummer Mensch, Szabuniewicz . . . Haben Sie niemals Sorge, was mit Ihnen geschehen wird . . .?

SZABUNIEWICZ Das ist der Vorteil, der Herr, wenn man ein geborenes Eigentum ist . . . An d r e sorgen . . .

JACOBOWSKY Was seh ich? Coco! Coco bei Ihnen . . .

SZABUNIEWICZ Ich muß ihn jetzt pflegen, obwohl mir das Hündlein die Existenz vergällt . . . Schnauf nicht, fette Bestie!

JACOBOWSKY Coco nicht bei Madame! Das ist ein böses Omen! Und das Meer ist leer wie am dritten Schöpfungstag . . .

SZABUNIEWICZ Der Oberst hat von einem kleinen Motorboot gesprochen, das heimlich bei San Sebastian landen könnte . . .

JACOBOWSKY Der Genieblitz eines Reiterhirns! Schon bei der Landung fängt der nächste spanische Gendarm Stjerbinsky ab, und Franco überstellt ihn gratis und franco den Nazis an der Grenze . . .

SZABUNIEWICZ Also dann wird vielleicht nach England g e s c h w o m m e n oder Amerika . . .

JACOBOWSKY Ich kann nicht schwimmen . . . In meiner Familie wurde leider das körperliche Training zugunsten einer völlig nutzlosen Intelligenz mißachtet . . . *Er schließt müde die Augen.*
Stille und Brandung. – Marianne und Oberst Stjerbinsky kommen in flüsterndem Gespräch.

OBERST STJERBINSKY *leidenschaftlich* Dieses ›Ja‹ haben Sie mir noch immer nicht gesagt . . .

MARIANNE Ich habe Ihnen hundert ›Ja‹ gesagt . . .

OBERST STJERBINSKY Hundert aber nicht d i e s e s!

MARIANNE Vor solch einem gefährlichen Abenteuer soll man praktisch sein und nicht feierlich ... Haben Sie meinen Mantel nicht liegen lassen, chérie, und die Handschuhe ... Nein! Sie sind wirklich sehr verändert ...

OBERST STJERBINSKY Ich bin sehr ungeduldig in meiner Liebe. Wissen Sie, daß jeder Schiffskapitän das Recht hat, ein Paar zu trauen? ...

MARIANNE Das weiß ich nur aus dummen Filmen. Für einen guten Katholiken ist die Ehe ein heiliges Sakrament ...

OBERST STJERBINSKY Das ist wahr. Aber was soll ich tun? Ich bin monogam geworden wie ein Wellensittich. Früher haben mich die Frauen belästigt mit ihrem Immer und Ewig! Jetzt quäle ich Sie: Marianne, Immer und Ewig! Ja? ... Ich bin doch ein ganz neuer Stjerbinsky ...

MARIANNE Woran erkenn ich den, mein Liebling?

OBERST STJERBINSKY Daß er glüht, Ihnen zu beweisen seine Liebe durch Opfer und durch was weiß ich ... *Ruft halblaut* He, Szabuniewicz, wo bist du?

SZABUNIEWICZ Hier!

OBERST STJERBINSKY Ist Jacobowsky gekommen?

JACOBOWSKY *ohne sich zu rühren* Wartet! Wartet auf die dritte Möglichkeit, die es nicht gibt ...

OBERST STJERBINSKY Wo ist er? Woher kommt diese Stimme eines Ertrunkenen? ... *Hängt Marianne den Mantel um* Knöpfen Sie Ihren Mantel zu, Geliebte. Die Nacht wird immer kälter ...

Vier blecherne Schläge einer Kirchenuhr Es ist
vier!

WÜRFELSPIELER *unversehens aus dem Nebel tau-
chend* Die Uhr geht falsch ... Es ist erst drei
Uhr sechsundfünfzig westeuropäischer Zeit ...

OBERST STJERBINSKY Diese Genauigkeit spricht
sehr für eine günstige Zukunft der britischen
Flotte.

WÜRFELSPIELER Danke ergebenst für diese wohlwollenden Auspizien! Sie hingegen scheinen es
mit Zahlen und Ziffern nicht so genau zu nehmen, Oberst Stjerbinsky! Ich habe mich mit zwei
Menschen verabredet und nicht mit vier! Hatten
Sie nicht den Auftrag, den Mund zu halten?

MARIANNE Der Oberst hat das Geheimnis streng
bewahrt, Monsieur!

WÜRFELSPIELER Wissen Sie, daß in diesem Augenblick die Gestapo vermutlich mein Hotelzimmer
aufbricht?! Wir laufen ein Rennen mit dem Blitz!
Und Sie haben den reizenden Einfall, sich eine
Abschiedsgesellschaft auf den Pier einzuladen ...

OBERST STJERBINSKY *Szabuniewicz vorschiebend*
Dies hier, Sir, ist Szabuniewicz, der Pole! Mein
Vertrauensmann! Er ist völlig ›en règle‹, er lebt
seit Jahren in Frankreich, er ist ungefährdet. Er
wird hierbleiben. Im Namen Polens ernenne ich
ihn zum Horchposten der Freiheit! Als geprüfter
Irrenwärter hat er nämlich Zutritt zu den ersten
politischen Kreisen ...

WÜRFELSPIELER Mich interessiert der Polizeibericht
über Ihre Vertrauensmänner nicht besonders ...

OBERST STJERBINSKY Ich bin noch nicht fertig, Sir!
Wir reisen nämlich nicht zu zweit, sondern zu
dritt! Dies hier ist ein gewisser Herr Jacobowsky.
Er begleitet uns nach England ...

WÜRFELSPIELER Meine herzlichen Glückwünsche!
Darf ich mir erlauben, mit einiger Spannung zu
fragen, auf welchem Schiff der gewisse Herr Jacobowsky Sie nach England begleitet?

OBERST STJERBINSKY Auf dem Ihrigen, Commander
Wright!

WÜRFELSPIELER Welch eine liebe Überraschung für
mich! Ich sehe mit Erheiterung, daß ich zum
Agenten der Firma Cook avanciert bin und meinen Kopf riskiere, um eine charmante Vergnü-
gungsreise zu veranstalten ...

MARIANNE Es ist doch nur eines wichtig, daß ein
wertvoller Mensch mehr gerettet wird, Monsieur...

WÜRFELSPIELER Nehmen Sie gefälligst zur Kenntnis, was wichtig ist! Wir retten aus dem Zusammenbruch englische Untertanen und alliierte
Offiziere und niemand sonst. Nur bei den di-
versen Damen der Herren drücken wir möglichst
ein Auge zu. Wir tun das nicht aus Menschlich-
keit, sondern aus kalter Überlegung, denn in
diesem Kriege, zu dem wir so wenig gerüstet
sind, ist jeder erprobte Berufsoffizier von höchster Notwendigkeit. Wir können auch sehr grau-
sam sein, wenn es sein muß. Bei einer der letzten
Einschiffungen haben wir weinende Mütter und
Kinder von Bord gejagt ... Ihnen, Colonel, stehen zwei Plätze zur Verfügung!

OBERST STJERBINSKY Was bedeuten Plätze auf
einem Schiff?

WÜRFELSPIELER Man hat Sie mir so genau be-
schrieben, Herr, wie Sie zu sein scheinen . . .

OBERST STERBINSKY Dann wissen Sie auch, was am
Brückenkopf von Péronne geschehen ist! Von
der Schlacht um Frankreich geriet ich in die Flucht
von Frankreich. Ich habe nichts Schlimmeres erlebt als diese zivilistische Flucht. Denn sie ent-
ehrt unsre Seele! Herr Jacobowsky hier hat während dieser Flucht niemals versagt. Er hat mir
sogar durch seine findige Geistesart das Leben
gerettet. Urteilen Sie selbst, Sir! Darf ein Soldat von ritterlicher Tradition darüber hinweg-
gehn?!

WÜRFELSPIELER Das Problem verstehe ich. Es ist
aber nicht meines!

OBERST STJERBINSKY Das Problem verstehn Sie
nicht. Ich betrachte Herrn Jacobowsky genau wie
einen Kameraden, der neben mir im Kampf stand
an der Somme . . .

WÜRFELSPIELER Auch das versteh ich. Es ändert
aber nicht das geringste . . .

OBERST STJERBINSKY Sie verstehn noch immer nicht,
Commander Wright . . .

JACOBOWSKY *zwischen beide tretend* Jetzt aber fallen Sie aus der Rolle, Colonel! Wir sind Gegensätze! Nicht wahr? Und Gegensätze müssen sich
aufheben! Nicht wahr?! Ich habe manches von
Ihnen gelernt. Ich liebe das Leben noch immer,
doch ich hänge nicht mehr daran . . . Dank also

für Ihre erstaunliche Intervention. Aber ich
möchte jetzt gehn ...

WÜRFELSPIELER *auf seine Armbanduhr blickend*
Sie täten gut daran! Wer weiß, wer schneller ist,
die Nazis oder mein Boot ...

JACOBOWSKY Wir haben schon einmal Abschied
genommen, Madame, bei Donner und Blitz. Er-
sparen Sie mir den zweiten! In mir ist eine Ruhe,
eine tiefe Ruhe, die Sie nicht begreifen könnten!
Ich pirsche mich jetzt in mein Quartier. Vielleicht
hab ich noch ein paar Tage Schonzeit. Es gibt
drei Kinos hier, dort ist man gut verborgen. Dort
kann ich darüber nachdenken, welch ein Haupt-
treffer es heute ist, allein zu stehn in der Welt ...
Adieu! *Wendet sich zum Gehn.*

MARIANNE *hält ihn fest* Nein, Jacobowsky! Sie
bleiben!

JACOBOWSKY *sich losreißend* Lassen Sie mich fort!

MARIANNE Ich lasse Sie nicht fort! *Der Würfelspieler geht ans Ende des Damms und gibt mit
seiner abgeblendeten Taschenlampe zwei kurze
Lichtsignale* Tadeusz Boleslav! Sie fordern Ant-
wort auf Ihre Frage. Hier ist sie: Ja! Ich bin Ihre
Frau und werde es sein, immer und ewig, denn
ich habe meine Liebe geprüft ...

OBERST STJERBINSKY Dieses Ja ist so groß für meine
Seele, daß ich erbebe ... *Auf den Würfelspieler
zeigend* Kann er uns gleich trauen?

MARIANNE Nein ...

OBERST STJERBINSKY Dann ist unser erster Weg in
England ...

MARIANNE Nicht in England, mein Geliebter, sondern in Frankreich! Wenn Sie zurückkehren als Befreier mit den Befreiern, dann wird unser erster Weg in die Kirche sein... Ich habe m e i n e Liebe geprüft. Jetzt prüfe ich die I h r e. Hab ich mir nicht das Recht dazu erworben von Saint Cyrill nach Saint Jean-de-Luz? *Oberst Stjerbinsky senkt schweigend den Kopf* Hier stehe ich am äußersten Ende Frankreichs und kann mich nicht losreißen. In meinem Rücken spür ich das schreckliche Schweigen der Zertretenen. Ich habe das Leiden zu Hause. Ich kann das Leiden nicht verlassen jetzt.

OBERST STJERBINSKY Sie opfern sich auf für Frankreich ...

MARIANNE Nein, Tadeusz, ich will nur Größeres von Ihnen und von mir! Ich kann nicht mit dem Mann gehn. Der Mann muß kommen um mich! ... Sie werden in wenigen Tagen an der Front sein irgendwo. Soll ich in der Fremde in einem Hotelzimmer sitzen vor Ihrem Bild und nichts tun? Ich will etwas tun, Tadeusz ... Sie werden für meine Sehnsucht der Preis dieses Kampfs sein. Und ich werde nicht für Sie das Weib sein, das täglich mehr zur Last wird im Exil ... *Oberst Stjerbinsky schweigt* Vor diesen Zeugen gebe ich Ihnen meinen Ring... Tragen Sie ihn am kleinen Finger ... Nun? Wollen Sie mir nicht Ihren Ring geben? ... *Oberst Stjerbinsky zieht langsam seinen Ring vom Finger und gibt ihn Marianne* Ich werde ihn am Mittelfinger tragen bis zum

Tod ... Und jetzt sagen Sie, daß Sie an mich glauben Tadeusz ...

OBERST STJERBINSKY *zieht nach einem langen Schweigen Marianne an sich* Meine schwermütige Seele hat das Opfer gebracht. Ich glaube an Sie ...

WÜRFELSPIELER *schüttelt den Kopf* Ein Treuschwur für die Ewigkeit ... Und wir können ausgehoben werden in der nächsten Minute ...

JACOBOWSKY *mit trauriger Stimme* Der Irrende Ritter soll den Drachen töten und die Prinzessin befreien ... Haben Sie mich aufgehalten, Marianne, damit ich wieder einmal Zeuge bin eines Grimmschen Märchens?

MARIANNE *zum Würfelspieler* Wie Sie sehen, Sir, der zweite Platz ist leer ...

WÜRFELSPIELER Er wird leer bleiben ...

OBERST STJERBINSKY Als Pole erblicke ich in dem Wunsch meiner Herrin einen strikten Befehl. Ich habe den Befehl, den Mann nach England zu bringen ...

WÜRFELSPIELER Bedauerlicherweise habe ich keinen solchen Befehl ...

OBERST STJERBINSKY *verkniffen* Wo bleibt Ihr Boot, Sir?

WÜRFELSPIELER Schwerer Seegang heute!

OBERST STJERBINSKY *leise, heiser* Um so besser! Da kann niemand schwimmen! Und Ihren Leuten sagen wir, daß die Gestapo Sie erwischt hat ... *Springt ihm jäh an die Gurgel*

MARIANNE Tadeusz ...

SZABUNIEWICZ *wirft sich dazwischen, keucht* Mein
Wohltäter! Fangen Sie nicht wieder an . . .

WÜRFELSPIELER *der elegant ausgewichen ist* Sie
können Ihrem Horchposten der Freiheit dankbar
sein . . . *Hält ihm einen Schlagring unter die
Nase* Wenn ich mit den alliierten Nationen zu
tun habe, pflege ich mich vorzusehen . . .

MARIANNE *lauschend* Was ist das? . . . Jesus
Maria . . .
*Man hört in demselben Augenblick die preu-
ßische Pfeif- und Trommelmusik einer marschie-
renden Abteilung sich nähern.*

WÜRFELSPIELER *scharf flüsternd* Fort vom Licht!
. . . Auseinander! . . . Niederducken! *Alle verschwinden auf den Landungsstufen, bis auf Jacobowsky* Wenn die Boches zu dieser Stunde mit
Musik marschieren, dann hat es den Tod zu bedeuten, dann schüchtern sie die Franzosen in
ihren Betten ein, dann schwärmt die Gestapo
aus . . . Sie suchen mich . . .

OBERST STJERBINSKY Wenn sie kommen, die Mappe ins Wasser, Szabuniewicz!
*Musik und Marschtritt im Nebligunsichtbaren
näher und näher. Jetzt sind sie auf der parallelen
Hafenstraße. Das alte Pflaster knallt von den
Soldatenstiefeln. Jeden Augenblick meint man,
das tödliche Haltkommando vernehmen zu müssen. Und jetzt erschallt es wirklich: »Halt!« Und
dann: »Lautsprecher vor!«*

LAUTSPRECHER *mit schnarrender Stimme* In der
Umgebung von Saint Jean-de-Luz ist ein nieder-

trächtiger Sabotageakt verübt worden. Da dieses Verbrechen erwiesenermaßen von Juden und Kommunisten ausgeht, haben sich alle ausländischen Nichtarier des Départements unverzüglich im Hofe der Kommandantur zu versammeln. Zuwiderhandelnde werden aufgegriffen und ohne Verhör erschossen.

Wiederum ein kurzes Kommando, Musik und Marschtritt. Die Truppe stampft weiter, entfernt sich, verhallt. Nur die spitzen Pfeifen und scharfen Trommeln werden als Echo vom alten Gemäuer noch lange zurückgeworfen. – Marianne und Würfelspieler tauchen als erste auf.

JACOBOWSKY *mit äußerster Ruhe* Sie suchen mich . . .

MARIANNE *dicht vor dem Würfelspieler* Sie haben es gehört, Monsieur. Dieser Mann Jacobowsky hat keinen andern Platz mehr auf der Welt als den schmalen Damm hier, und den nur solange bis die Sonne aufgeht. Zehn Schritte vorwärts: das Meer! Zehn Schritte zurück: der Tod, und was für einer! Die Nazis haben ihm Ausrottung geschworen, und die halten ihren Schwur . . . Warum kämpft England um Gerechtigkeit, wenn es das erste und älteste Opfer dem Drachen hinwirft?

WÜRFELSPIELER England kämpft um sein Leben. Frankreich hat das leider versäumt!

MARIANNE Frankreich wird solange leben, Monsieur, als es ein Herz hat, das schlägt.

OBERST STJERBINSKY *die Mappe in der Hand* Sie sind eisern, Wright, und ich bin eisern! Aber es

kommt nicht darauf an, daß ich lebe. Meine Pro-
fession ist ja: Sterben! Es kommt nur darauf an,
daß diese Dokumente sicher nach London gelan-
gen. Übergeben Sie die Mappe also dem General
Sikorsky persönlich und sagen Sie ihm, Tadeusz
Boleslav Stjerbinsky ist geblieben in Frankreich
... Kommen Sie, Jacobowsky! Ich bringe Sie in
die Stadt!

JACOBOWSKY *faßt Stjerbinskys Hand* Mein Freund
und Gegensatz! Ich weiß, daß Sie es ernst meinen. All Ihre bunten Gedankensprünge meinen
Sie immer ernst. Sie sind zwar ein recht unmo-
derner Offizier, aber wir brauchen Ihre Tapferkeit für unsre Sache, wir brauchen sie verzweifelt.
Deshalb gehe ich n i c h t mit Ihnen in die Stadt...
Nicht wahr, das ist eine kleine Beruhigung für
Sie, Mr. Wright! Haben Sie etwas gesagt?

WÜRFELSPIELER Nein!

JACOBOWSKY *das Echo der Marschmusik etwas
lauter* Ja, Marianne, die Jacobowskys sollen ausgerottet werden unter dem offenen oder ver-
steckten Beifall der Welt! Sie werden nicht ausgerottet werden, wenn auch Millionen sterben.
Gott straft uns. Er wird wissen, warum. Er straft
uns durch Unwürdige, die uns stärken, indem sie
uns schwächen. Und dann vernichtet er sie voll
Ekel immer wieder ... Wissen Sie, daß der Ewige
Jude und der Heilige Franziskus auf dem Wege
nach Amerika sind? Ich aber ... Kommen Sie
näher zu mir, Tadeusz und Madame ... *Beide
treten ganz nahe zu ihm* Zwischen einem Leben,

das schlimmer ist als Tod, und einem Tod, der schlimmer ist als dieses Leben, flieg ich davon durch das kleine Loch, das Gott uns immer offen läßt ... *Er hebt zwei Fläschchen mit Pillen hoch* Was ist das?

MARIANNE Jacobowsky, geben Sie mirs!

JACOBOWSKY *sehr laut* Eine Elfengabe! Zwei Fläschchen! In dem einen ist Heilung! In dem andern Vernichtung! Das eine werde ich ins Meer werfen, das andre zu mir nehmen!

Der Würfelspieler läßt seine Taschenlampe lange aufleuchten.

MARIANNE Jacobowsky, solange ich ...

JACOBOWSKY Gerade um diese Gunst wollte ich Sie bitten, Marianne ... Bleiben Sie bei mir solange, bis es gewirkt hat!

WÜRFELSPIELER Cheerio, Jim! Righto, Bill! Es ist mir nicht unangenehm, daß ihr endlich kommt! *Das Boot ist da. Zwei salutierende Ruder werden sichtbar ... Würfelspieler scharf zu Jacobowsky* Welches von diesen Fläschchen werden Sie ins Meer werfen, Mister Jacobowsky?

JACOBOWSKY *sieht den Würfelspieler mit einem raschen durchforschenden Blick an* Dieses! *Er schleudert eins der Fläschchen mit entschlossenem Schwung ins Wasser.*

WÜRFELSPIELER Und was war drin?

JACOBOWSKY Das Gift!

WÜRFELSPIELER Sie haben gewonnen! Steigen Sie ein!

JACOBOWSKY Wer? Ich?

WÜRFELSPIELER Ja, Sie! Nicht die Argumente Ihrer Freunde haben mich überzeugt. Sie selbst haben mich überzeugt! Ihre Entschlußkraft und Ihr Lebensmut, Sie Ulysses! Und Sie wissen, was der andre denkt, noch ehe er's selbst weiß . . . England kann Sie verwenden.

JACOBOWSKY *bedeckt die Augen mit den Händen* Das ist zu viel für einen nervösen Menschen . . . *Faßt sich schnell, zeigt das andre Fläschchen* Also d a r u m hab ich gestern diese Pillen gegen Seekrankheit einem Réfugié abgekauft, damit er eine Kleinigkeit verdient . . .

OBERST STJERBINSKY *hohnlachend wie früher* Echt Jacobowsky! Wieso wußten Sie . . .

JACOBOWSKY *bescheiden* Inspiration ist alles.

SZABUNIEWICZ *meckernd* Ein Optimist . . .

OBERST STJERBINSKY *schlägt Jacobowsky auf die Schulter* Freuen Sie sich nicht zu sehr, Jacobowsky . . . Unser Duell ist nur aufgeschoben . . .

JACOBOWSKY Unser Duell ist ewig, Stjerbinsky . . .

WÜRFELSPIELER Jede Minute ist wichtig jetzt . . . Es wird schon grau . . .

OBERST STJERBINSKY *Marianne in seinen Armen* Marianne, meine Frau! Ich hab gebracht den Beweis meiner Liebe! Jetzt geben Sie mir ein Wort, das mich noch stärker macht!

MARIANNE Ich werde warten, Tadeusz, ich werde n o c h e i n m a l warten, wie keine Frau je gewartet hat. Und ich werde nicht ruhen, und werde arbeiten und einen großen Empfang vorbereiten durch das ganze Land. Und wenn eines Morgens,

wie jetzt, die Divisionen an allen Küsten landen
und vorwärtsstürmen gegen Paris, dann werd ich
aufschreien: Er ist darunter, Er ist gekommen für
mich. Der Sieger! Mein Mann! . . . Ich, ich glaube
an Sie!

WÜRFELSPIELER *reißt Stjerbinsky von Marianne
weg* Wollen Sie gütigst die große Oper abbrechen.
Vielleicht lauscht schon die Gestapo mit Vergnü-
gen . . . Vorwärts, und ohne Abschied! *Er drängt
Stjerbinsky und Jacobowsky zum unsichtbaren
Boot hinab.*

SZABUNIEWICZ Mein Vater und Wohltäter . . . *Er
zieht seine Mundharmonika hervor und beginnt
sehr schwach eine polnische Weise zu quäken.*

*Marianne ist auf die Spitze der Mole getreten.
Sie steht schattenhaft da mit flatterndem Haar
und Mantel im wachsenden Morgenlicht.*

MARIANNE *flüstert* Komm wieder . . . Komm bald
. . . Ich werde warten . . . Ich werde arbeiten für
den Tag des Empfangs . . . *Mit einem plötzlichen
Tränenlächeln der Erinnerung* Und neugierig
sein, so neugierig . . .

OBERST STJERBINSKYS STIMME Ich komme wieder . . .

JACOBOWSKYS STIMME Madame la France . . . Adieu
et au revoir.

*Szabuniewicz wechselt unbeholfen und ziemlich
falsch aus dem polnischen Lied in die Marseillaise.*

MARIANNE *regungslos, den Blick in die Ferne* Um
Himmels willen, leise, Szabuniewicz, nur leise . . .

Ende der Komöde

PERSONEN DER KOMÖDIE

JACOBOWSKY

OBERST TADEUSZ BOLESLAV STJERBINSKY

MARIANNE

SZABUNIEWICZ

DER TRAGISCHE HERR

DER UNSTERBLICHE (Membre de l'Académie Française)

MADAME BOUFFIER, Wirtin des Hotels ›Mon Repos et de la Rose‹

GINETTE, Mariannes Jungfer

SALOMON, Concierge des Hotels ›Mon Repos et de la Rose‹

DIE ALTE DAME AUS ARRAS

CLEMENTINE

DAS JUNGE MÄDCHEN

DIE LEICHTE PERSON

DER CHAUFFEUR eines reichen Hauses in Paris

CLAIRON, Wirt der Cafés ›Au père Clairon‹ in Saint Jean-de-Luz

DER BRIGADIER der Sûreté von Saint Cyrill

DER COMMISSAIRE SPÉCIAL DE LA POLICE in Saint Jean-de-Luz

EIN OBERLEUTNANT der deutschen Armee

EIN TOURIST der Gestapo

DER WÜRFELSPIELER

DER EWIGE JUDE

DER HEILIGE FRANZISKUS

DER TOTE MANN

Hotelgäste, Gäste des Cafés in Saint Jean-de-Luz, ein Witwer mit zwei kleinen Kindern, deutsche Soldaten, französische Polizisten

Die Handlung der Komödie spielt im Juni-Mond des Jahres 1940 zwischen Paris und der atlantischen Küste in Frankreich.